上海市杨浦区教师专业发展丛书　丛书主编◎徐国民　丛书副主编◎庞维成

本册主编
储　竞

基于课程标准的
小学语文
Chinese
教学初阶
实施篇

本册主编：储　竞

本册副主编：杨莉俊

编著人员：储　竞　杨莉俊　华　鸣　顾　昕

龚　鸣　张俊怡　黄　琴　晏春芬

上海著名商标
ECNUP
华东师范大学出版社
全国百佳图书出版单位

图书在版编目（CIP）数据

基于课程标准的小学语文教学初阶. 实施篇/储竞主编. —上海：华东师范大学出版社，2016.3
（上海市杨浦区教师专业发展丛书）
ISBN 978－7－5675－4930－2

Ⅰ.①基… Ⅱ.①储… Ⅲ.①小学语文课－教学研究
Ⅳ.①G623.202

中国版本图书馆 CIP 数据核字（2016）第 050861 号

基于课程标准的小学语文教学初阶（实施篇）

本册主编　储　竞
项目编辑　平　萍
审读编辑　陈长华
责任校对　林文君
版式设计　卢晓红
封面设计　高　山

出版发行　华东师范大学出版社
社　　址　上海市中山北路 3663 号　邮编 200062
网　　址　www.ecnupress.com.cn
电　　话　021－60821666　行政传真 021－62572105
客服电话　021－62865537　门市（邮购）电话 021－62869887
地　　址　上海市中山北路 3663 号华东师范大学校内先锋路口
网　　店　http://hdsdcbs.tmall.com

印刷者　上海昌鑫龙印务有限公司
开　　本　787×1092　16 开
印　　张　16.75
字　　数　253 千字
版　　次　2016 年 8 月第 1 版
印　　次　2016 年 8 月第 1 次
书　　号　ISBN 978－7－5675－4930－2/G·9252
定　　价　33.50 元

出版人　王　焰

（如发现本版图书有印订质量问题，请寄回本社客服中心调换或电话 021－62865537 联系）

前言

"十年课程改革的方向是正确的,成绩是主要的。语文教学在成长,在进步,但是,我们也有遗憾:我们的付出和回报不成正比,广大师生的负担仍然很重,幸福指数不高……"

——全国小语会理事长崔峦老师在全国第八届阅读教学研讨会上的发言

笔者担任语文教研员 20 载,亲历课改,对这样的遗憾感同身受,很想为改变这样的局面尽自己的绵薄之力。近年来兴起的基于课程标准的教学研究为我打开了思路。

当前的小学语文教学,存在教师对于课程标准的关注度不高,而课程标准也没有真正起到指导教师教学的作用,由此产生的语文教学"不到位"或者"越位"现象比较普遍。具体表现在低年级不以字词教学为重点,而把过多的时间花费在阅读分析上,直接造成课改以来中小学生词汇量下降,书写情况差,普遍出现错别字增多、用词不当、语句不通的情况;同时,中高年级阅读教学没有梯度,不符合学生的年龄特征,造成学生课业负担重、学习效率低的状况,也使教师的教学成就感缺失,严重影响了语文教育的质量。

2011 年,国家教育部颁布了《义务教育语文课程标准》,上海市也在积极修订原课程标准,新课程标准即将颁布。新课程标准为我们指引了语文教学改革走向深入的方向。教师如果能够以新课程标准为指引进行教学设计,实施教学过程,那么,功夫便花在了刀刃上,教学效率也将大大提高。作为一名教研员,我想更好地发挥桥梁作用,帮助教师开展更符合课程标准、更切合学科特点、更贴合学生实际的课堂教学,于是2014 年《基于课程标准的小学语文教学初阶》(设计篇) 培训教程应运而生。此教材使用后,如于漪老师在题词中所希望的成为了职初语文教师的好帮手。因此,我们又着手编写续篇《基于课程标准的小学语文教学初阶》(实施篇)。

  《基于课程标准的小学语文教学初阶》（实施篇）培训的主要对象仍然是职初教师，旨在帮助老师们基于课程标准了解小学语文学科教学的整体框架，锤炼语文教学的基本功，学习语文教学的方法和技巧，使新教师在语文教学上顺利起步。本课程同时也适应于其他教师的培训，基于标准的课程改革是新时期课改的核心，给所有教师都带来了全新的挑战，大家需要将过去基于经验的课堂教学转换成基于课程标准的课堂教学。本课程既阐述了理论，又编入了大量案例，希望能够成为弥合理论设想和实践操作之间的中介，成为既契合当今教学理念，又具备操作性的培训教材，能够给予教师们一定的启迪和收获。

  本课程提供教师们五个单元的学习，分别是识字教学、阅读教学、作文教学、口语交际以及综合训练教学。在每个单元，我们都安排两课时的学习内容，第一课时是教学基本功的训练；第二课时是教学课例研读和实践。五个单元的学习实际上是让教师们经历一次新理念、新策略的培训和全新的体验，力图提高大家基于课程标准的语文教学实施能力。

  全力打造富有实效的培训课程，为基层教师提供切实可行的帮助，间接服务于广大小学生，一直是笔者作为教研员践行的目标。《基于课程标准的小学语文教学初阶》（实施篇）培训教程，在得到多方面的帮助下终于付梓，期望教师们通过本课程的培训，提高基于课程标准的教学能力。但愿经过大家的努力，使我们的付出和取得的成效成正比，使语文教学的效率提高一些，学生的学习负担减轻一些，师生的幸福指数提升一点……

储 竞
2016 年 5 月

目录

第三单元

写作教学

第一单元

识字教学

华鸣

第一单元

掌握识字教学基本功

本课培训内容：了解儿童识字的心理；掌握儿童识字的常见方法以及识字教学中的操作策略。

一、把握儿童心理，遵循识字规律

识字是儿童进小学首先碰到的一大难题，一个个方块字"既是世界上最难学的文字，也是世界上最优美的文字"。实践证明，教师必须针对儿童心理特征，一方面要认识识字教学的自身规律，另一方面要注意对孩子学习汉字的兴趣的培养，在教学中有的放矢，才会收到好的效果。

从心理学的角度讲，与儿童识字活动相关的心理品质，主要是记忆力和观察力，而兴趣和情感的介入，则是主动记忆和主动观察的心理动力。所以，在识字教学中，必须要充分根据儿童的心理特点来实施教学，根据儿童的思维特点，把抽象的符号形象化。如：利用汉字象形字、会意字、形声字的构字规律来识字；还可以根据形声字的"形旁表义、声旁表音"的特点来识记生字，根据形声字形旁来联想字义，借助形声字的声旁来记汉字的读音。中华文化博大精深，中国汉字魅力无穷，许多汉字的构成都有其丰富的内涵。例如"采"这个字，它是会意字，上面像手，下面像树木，意思是用手指或者指尖在树上摘取果实和叶子。又如汉字"劣"，什么是"劣"呢？"劣"就是比别人"少"出了"力"。你比别人差，不是本质就差，生来就差，而是后天懈怠、懒惰，不肯比别人付出更多努力的结果。

此外，教师还可利用"给字配画"等游戏的形式，在遵循识字规律的基础上培养学生的想象能力，调动学生学习抽象文字的兴趣。如：在教学"停"这个字时，可以让学生画一画：在中国古代的驿道上，每隔一段距离，便有一个供人们停顿、歇脚和休息的亭子。汉字"停"即"人"在"亭"中休息，便成了"停"。所以"停"是暂时的停靠，是为了更好地行走。

二、 使用直观手段，提高识字效率

直观教学是由 17 世纪捷克著名教育家 Johann Amos Comenius（夸美纽斯）把它作为一项教学原则正式提出的。直观教学就是以真实事物标本、模型、图片等为载体传递教学信息，进行具体的教学活动。

在教学中，恰当地运用直观手段可以使知识具体化、形象化，为学生感知、理解和记忆知识创造条件。它符合儿童认识发展规律，特别对于小学低年级学生来说是一种行之有效的教学方法。它能很好地"抓住"学生上课的注意力，"挤掉"分心的因素，激发学生学习的兴趣和热情。低年级识字教学常用的直观教学手段主要有：使用生字卡片、教学媒体、实物演示和肢体语言等。

（一）使用生字卡片

识字、写字教学是低年级语文教学的重要任务，语文教材配套的"生字卡片"可以帮助学生有效地识字写字。卡片的功能是活动的、持久的、全面的，在教学中，教师要注意发挥这一学具的多功能作用，在集中识字、分散识字、巩固识字时，均可充分运用生字卡片，帮助学生读准字音、认清字形，指导学生写字，提高识字教学的有效性。值得注意的是教师手持的卡片必须确保每一个学生都能看清楚，避免卡片只对着个别学生，而忽略了其他学生。

（二）使用教学媒体

多媒体提供的是多样化的外部刺激，能调动多种感官，这对于知识的记忆是极具心理学价值的。当学生受年龄特点和生活阅历的影响，不能有效感知所学知识时，多媒体的出现正好弥补了这一缺陷，它能通过大小变化、动静结合、虚实互换、色彩对比等方式扩大直观范围,提高直观效果,激发学生学习兴趣。当然,教师在运用教学媒体时也要注意合理性和有效性,不能只追求画面的华美,而忘记教学的真正目的是要让信息技术辅助识字教学,从而真正提高识字教学的效率。

(三)进行实物演示

实物演示是指教师运用有关实物、教具,将教学内容生动形象地展示出来,学生通过观察、思考获得知识的一种教学方法。在小学语文教学中如果能正确地运用直观教具进行演示,可以给学生以真实感、亲切感,极大地丰富学生的感性认识,减少学生的识字困难,调动学生学习的积极性。当然,教师在运用实物演示开展识字教学时要注意排除一些无关因素,要突出实物与所学字词间的本质要素,使学生抓住对象的主要部分,掌握所学字词。演示过程要作必要的说明和讲解,有针对性地学习知识,使学生明确要看什么,要注意什么问题,为学生从感性认识上升到理性认识创造条件。

(四)运用肢体语言

肢体语言又称身体语言,它通过身体各部分能为人所见的活动来进行表达和交流,是有声语言的重要辅助手段和补充。教学中,教师除了用有声语言来表述之外,还可以通过手势、眼神、面部表情、姿态等无声语言对学生进行教学暗示。运用肢体语言来辅助教学有利于激发学生学习生字的兴趣,提高学生的注意力,帮助他们理解词义、加深记忆。譬如"路"字的教学,老师可以在讲台前踱步,喃喃道:人生之"路",不在遥远的天边,而就在我们"各"自的"足"下,所谓"千里之行,始于足下",每个人都能走出一条人生之路来。当然,教师在运用肢体语言开展识字教学时要注意表情达意清晰明确,注意行为自然不做作。行为明确的肢体语言常常能引起学生的注意力,活跃课堂气氛,为学生理解抽象的知识插上想象的翅膀,达到无声胜有声的效果。

三、组织游戏活动,激发识字兴趣

识字游戏活动是指教师把汉字教学活动融入到新奇有趣的游戏中,让学生交替使用不同的感官。在体验识字的乐趣中不知不觉地掌握汉字。游戏识字活动能极大地激发学生识字的兴趣,下面介绍几种常用的识字游戏活动:

（一）"找朋友"

教师将已学汉字（合体字）拆分成两部分，组织学生个体或者安排小组合作来进行汉字组合，在单位时间内组合既快又准确的选手获胜。比如，教学"沙"、"新"、"体"、"粮"等生字时可将这四个字拆成"氵"、"少"、"亲"、"斤"、"亻"、"本"、"米"、"良"共8个部分，并分别写在卡片上，分给8位同学，让他们一边唱儿歌《找朋友》（找呀找呀找朋友，找到一个好朋友，敬个礼呀握握手，你是我的好朋友……），一边组字。

（二）"走迷宫"

教师运用多媒体设计一座迷宫，迷宫的尽头有学生感兴趣的红花、奖杯或者是被救的对象（动物、人物等），但是在走迷宫的路途中有许多生字关。教师可将班级分为若干组，每组以3—5个学生组成为适宜，并规定学生只有准确认读了其中的生字才能过关。以用最短时间完成任务的小组为获胜者，教师给予获胜者奖励。该游戏要在教师运用多媒体的基础上组织学生进行合作学习，既能提高学生识字的兴趣与效率，又能满足学生的情感发展需要。

（三）"摘果子"

这是一种学生喜闻乐见的识字游戏。教师出示一幅画着大树的画，树上挂着写有生字的果子，然后教师指名学生摘果子并认读字词，认读正确者能将果子摘下，以摘果子最多者为"识字小能手"。这种游戏运用于"巩固识字"环节，既方便又高效。

（四）"邮递员叔叔送信"

这是一种角色扮演识字游戏，请一位学生扮演邮递员，另一位学生扮演收信者。"学"字送信游戏过程如下：

全班学生念送信儿歌："丁零零，丁零零，邮递员叔叔（阿姨）来送信。"

扮演邮递员的学生把信件送到一个学生的手里说："小小信件送给你，请你念给大家听。"

扮演收信者的学生走上来，举起信，把信里的字大声地念出来。

全班学生听后一起念收信儿歌："对对对，就是'学'，快收信。"如果念错的话就说："错错错，不是'学'，谁收信？"（其他学生举手帮助念错字的扮演收信者的

学生）

（五）"叫号"

先在字上编上号码，如："小"、"学"两个字分别标上"1"、"2"号，再根据老师念儿歌的节奏，边拍手边回答：

教师问：1 号 1 号什么字？

学生齐声回答：1 号 1 号"小、小、小"。

教师问："小、小、小"是几号？学生齐声回答："小、小、小"是 1 号。

教师问：1 号 2 号什么词？学生齐声回：1 号 2 号是"小学"。

（六）"姓名识字"

《语文课程标准》指出：识字教学要将学生熟识的语言因素作为主要材料，同时充分利用学生的生活经验，注重教给学生识字方法，力求识、用结合。学生的姓名是学生最熟悉的语言因素，教师发出倡议，让学生"交一个朋友，学写一个名字，看谁交的朋友广，看谁识的汉字多"，以此让学生在生活中增加识字量。

四、 示范生字书写，提高写字质量

教会学生写好字，是小学语文教学中一项很重要的教学任务。指导学生把字写好的方法有很多，如：讲解法、歌诀法、比较法等。在实践过程中，我们认为教师的书写示范最为重要，因为它是最形象、最生动、最切实的指导。教师的书写示范主要包括板书示范和在实物投影上的书写示范。示范时，教师要注意以下几点：一是讲清笔顺。一般，汉字的笔顺规则是：先横后竖，先撇后捺，从上到下，从左到右，先中间后两边，从外到内等。在示范时，最好能做到一边书写一边讲解起笔、行笔、收笔三个过程。二是讲清字的间架结构，培养学生对字的整体形态的把握能力。间架结构是指笔画搭配、排列、组合成字的形式和规律。教师的书写示范可以在学生书写前，也可以在了解学生书写情况后有针对性地示范。

五、案例示范及技能演练

案例示范1（寻找规律）

☞**教学内容：**

学习并区分生字"辛、幸"。

☞**教学过程：**

师：（出示生字卡片："辛"和"幸"）这两个字太像了，像双胞胎兄弟，你们有什么好办法正确辨清它俩呢？

生：它俩上面不同，"辛"字上面是"、"，"幸"字上面是"十"。

师：（用黄色粉笔画出）是呀，你看得可真准！

师：我可以用一个成语来形容它俩——以一当十。

（说明：大家愣住了，不知道老师用此成语是何意。老师让学生仔细地观察这两个字，先指了指"辛"字上面的一点，再指了指"幸"字上面的"十"字。学生们都会心地笑了，马上明白了老师的用意。）

师：大家看"辛苦"的"辛"字上面的"、"多像是一滴汗水，"幸福"的"幸"字上面的"十"字代表许多汗水。这两个词连起来就是说：只有流下许多汗水，付出努力，才能过上幸福生活。

生：老师，他们都注意这两个字的上面，没注意下面，你看"辛"字第二横最长，"幸"字底下一横比第三横长。

师：（用红粉笔标出）你有一双慧眼，能够看到别人没看到的地方！大家看，这两个字的每一横都是长短不一的。

（**点赞**：教师能利用汉字字形的特点，遵循识字规律，借助对比的方式展开教学活动，在形近字的外形和意义之间建立起一种形象化的联系，自始至终紧紧抓住学生的思维，促使学生充分发挥想象力，灵活识记字形。）

（案例提供者：中原路小学　张　莹）

【挑战一】

　　如何帮助学生区别"川、州"两个字的字形？

_____

_____

_____

案例示范 2（直观手段）

☞ **教学内容：**

　　学习生字"明、鸟、笔、拿"。

☞ **教学过程：**

　　1. 教师出示生字卡片，教学"明"字。

　　师：同学们，这个生字念"míng"（出示卡片上的读音："míng"），请跟我读。

　　（生齐读）

　　师：你们发现这个生字的字形有什么特点？

　　生：我发现"明"是由"日"和"月"组成的。

　　生：我也看出来了。

　　师：原来"明"字是由我们学过的两个生字合在一起组成的。

　　师：同学们再仔细看看，想想：为什么"日"和"月"合在一起就读"明"呢？

　　生：我是这样想的，白天有太阳照亮大地，就给我们带来光明。

　　生：晚上月亮出来了，就算天黑了外面也很亮，我们也能看得见。

　　生：有太阳和月亮给我们照亮，所以"日"和"月"放在一起读"明"。

　　……

　　师：（手指生字卡片）是呀，你们观察得真仔细，因为无论白天黑夜，有了太阳和月亮，就会照亮大地，就会给我们引路，就会带来光明，所以"日"和"月"合在一起就是

"明"，明亮的"明"。

2. 多媒体显示图片：枝头上站着一只小鸟，教学"鸟"字。

师：首先请同学们看一幅美丽的图画，谁来说说图上画的是什么？

生：图上画的是一只美丽的小鸟。

师：请同学们睁大眼睛看清楚这只可爱的小鸟，它变成什么了？

（多媒体演示：小鸟变成生字"鸟"）

生（兴奋地）：变成了"鸟"字。

师：老师再给同学们变一次，这次你们要看清楚是怎么变的？

（多媒体再次演示，学生睁大眼睛兴奋地看）

师：你们发现了什么？

（多媒体演示：小鸟的画面和生字"鸟"同时出现）

生：我发现"鸟"字的第一撇就像鸟头上的羽毛。

生：我看到竖折折钩像鸟的身体，那一钩像鸟的爪子。

生：我觉得横折钩和一点就像鸟的脑袋和眼睛。

生：我还发现最后一横就是树枝变的。

师：同学们的眼睛真亮，都看清楚了！"鸟"字就像是站在树枝上的一只小鸟，你们记住这个字了吗？

生（齐声地）：记住了。

师：为了让同学们记得更准、更牢，老师再请同学们看清楚"鸟"字的笔顺。

（多媒体演示：一笔笔有序地展示"鸟"字书写的过程，教师同时讲述）

师：老师再播放一次书写顺序，请同学们跟着书空。

（生跟着老师边说笔顺边书空。）

3. 教师出示实物毛笔，教学"笔"。

师：同学们，看看今天老师手里拿的是什么？

生：一支笔。

师：这是一支什么笔？

生：一支毛笔。

师：这支毛笔分为笔杆和笔尖两部分（手指实物作介绍），谁知道它们分别是用什么做的？

生：这支毛笔的笔杆是竹子做的。

生：这支毛笔的笔尖是毛做的。

（师出示生字卡片："笔"）

师：请同学们仔细观察生字"笔"，它和这支毛笔之间有什么关系吗？

生：我知道了，这个字和这支笔之间是有联系的。这支毛笔的笔杆是竹子做的，所以笔的上面就是一个竹字头，这支毛笔的笔尖是毛做的，所以笔的下面就是一个毛字。

师：说得真好！还有谁记住了这个字？

（生纷纷举手）

4. 讲台上放着一个小盒子，老师拿起来，教学"拿"字。

师：同学们，你们看，桌上有一个小盒子，老师现在把它拿起来。

师：同学们看老师怎么"拿"（重音突出"拿"字）。

（师动作演示：伸出手，轻轻把盒子拿起，盒子在手上）

师：谁能说说，老师刚才是怎么拿的？

生：老师是先伸出手，然后轻轻把盒子拿起来。

师：谁注意到，盒子是在老师的手的哪个方位？（一手拿盒子，一手指明盒子在手的上方，引导学生说出盒子的方位）

生（齐声地）：上方。

师：哦，你们观察得真仔细！

（师边说边出示生字"拿"）

师：你们有什么好方法可以记住它？

生：我知道了，"拿"就是把一个小盒子拿在了手上，所以上面是个"合"字，下面就是个"手"字。

师：说对了，你真聪明！

师：同学们，我们自己试着书空一遍，一起来记住这个字。

（生边说边书空：把一个小盒子拿在手上……）

（**点赞**：直观教学形象而生动,容易吸引学生的注意力。在课堂上,教师使用多种直观教学手段,能丰富教学内容的呈现方式,增强教学的趣味性,激发学生识字的积极性和主动性。上述案例分别采用了生字卡片、多媒体演示、实物出示、动作辅助等直观手段,让识字教学充满乐趣,使学生思维能力和想象能力得到发展,在教师的指导下,学生能读准字音,记住字形,大致了解字在语言环境里的意思,同时掌握了识字的方法,培养了识字的能力。）

（案例提供者:中原路小学　孟玲玲）

【挑战二】

出示生字"霜、聪、冰、背",请用直观教学手段教学生字。

_____

_____

_____

案例示范3（游戏活动）

☞**教学内容：**

学习生字"快、远、处、呼、机、比"。

☞**教学过程：**

师:小朋友们,老师请你们自学6个生字,(师出示"快、远、处、呼、机、比"6个字的卡片),听清要求:1.借助拼音读准字音;2.准备玩"你说我猜"的游戏;3.给生字找朋友,和小朋友们玩"开火车"的游戏。

1.学生交流,做"放爆竹"的游戏,抽读词语卡片。

生1:跟我读"处,处,远处的处"。

众生:碰啪! 远处的处。

生2：跟我读"快,快,快乐的快"。

众生：碰啪! 快乐的快。

2. 学生做"你说我猜"的游戏。

生1：我说的这个字带有木字旁。

众生(齐声地)：机。

生2：我说的这个字是"近"的反义词。

众生(齐声地)：远。

生3：我说的这个字好像一个大人背着一个小人。

众生(齐声地)：比。

生4：我说的这个字是"一个萝卜在玩滑滑梯"。

众生(齐声地)：处。

生5：我说的这个字带有一个口字旁。

众生(齐声地)：呼。

3. 学生离开座位玩起了"开火车"的游戏。

生1：我能给"机"找朋友,"呜,呜,呜,小火车出发啦!""机场、飞机、直升机、机舱、机翼、机长、机器、战斗机……"

生2：我能给"呼"找朋友,"呜,呜,呜,小火车出发啦!""呼气、呼吸、呼喊、呼噜、呼唤……"

生3：我能给"比"找朋友,"呜,呜,呜,小火车出发啦!""比赛、比方、比力气、比一比、比较……"

……

师：小朋友们,你们学得真认真! 老师带大家去看风筝,好不好?(师出示词语卡片：蓝天、凉爽、到处、比赛、呼喊……生字用红色标出。)只要你们读出这些词语,风筝就会出来了。

(生看着多媒体画面,玩"看风筝"的游戏)

(师总结……)

——选自《新参与教学》新课程教学案例"轻松识字,乐陶陶"

（**点赞**：教师引导学生在不同的语言环境中认读生字，同时结合教学内容开展了"放爆竹"、"你说我猜"和"开火车"的游戏，寓教于乐，让学生在做做、玩玩中学有所得。）

（案例提供者：中原路小学　沈　群）

【挑战三】

为沪教版小学语文一年级（第一册）《风姑娘送信》中"姑、娘、给、宝"4个生字设计识字游戏。

_____

_____

_____

案例示范 4（书写示范）

☞**教学内容：**

指导独体字"雨"、部首"雨字头"、生字"雪"在田字格中的书写。

☞**教学过程：**

1. 指导独体字"雨"在田字格中的书写。

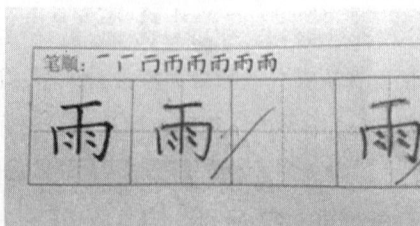

师：同学们，你们边看老师写"雨"字，边数数它有几笔？第3笔是什么笔画？

生：共8笔，第3笔是"横折钩"。

师：仔细观察,哪一笔在田字格中的位置很重要?

生：第4笔"竖",要写在竖中线上。

(生边说笔画、笔顺,边书空"雨"字)

师：在田字格里描一描"雨"字,注意写字、握笔姿势。

(生描写"雨"字)

(师借助实物投影,评价学生的描写表现,注意激励与肯定)

2. 指导部首"雨字头"在田字格中的书写。

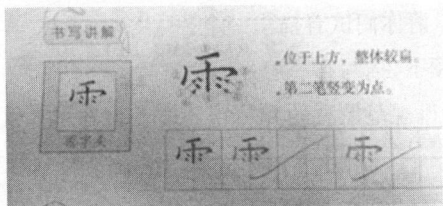

师：同学们,你们仔细观察"雨字头",你觉得和"雨"这个字有什么不一样?

生：第2笔"竖"变成了"点";第3笔"横折钩"变成了"横钩"。

师：再仔细观察"雨字头",它在田字格的位置和独体字"雨"有什么不一样呢?

生："雨字头"要写在田字格的上方;"雨"是写在田字格的居中位置。

师：还要提醒大家,写"雨字头"的时候,要写得扁一点,但也要注意左右对称。下面,看老师来写这个"雨字头"。

(师范写"雨字头")

(生描写"雨字头")

(师巡视,纠正学生的写字、握笔姿势)

3. 指导生字"雪"在田字格中的书写。

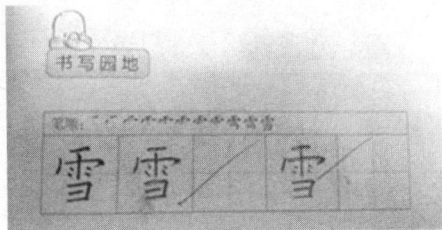

师："雪"是什么结构的字？

生：上下结构。

师：写上下结构的字，要注意上下两部分不能分得太开。看老师写一遍。

（生观察老师的书写）

师：仔细看看，写这个"雪"字时，有哪些要注意的地方？

生："雨字头"要写得扁一点、宽一点；第4笔"竖"还是写在竖中线上，但不能太长。下半部分要靠拢"雨字头"。

……

师：观察得很仔细，请你们试着描写一个。

（生在领写员的带领下，描写第一遍）

（师巡视，并找出写得规范漂亮的和写得不规范漂亮的学生作业，借助实物投影，请生点评）

（生再描第二遍）

（**点赞**：教师的书写基本功，不仅是自我发展的需要，也是教学工作的需要。对于低年级的学生，教师的示范作用显得尤为重要。教师的引导和示范，在一定程度上关系到学生书写的速度和字形是否规范漂亮，在这个案例中，老师通过讲解和范写，让学生看清了起笔、行笔、收尾的全过程。学生通过观察，形成了正确的视觉形象，书写也就化难为易了。）

（案例提供者：中原路小学　顾戎姝）

【挑战四】

示范指导"广字头"、生字"庆"在田字格中的书写，把指导过程写清楚。

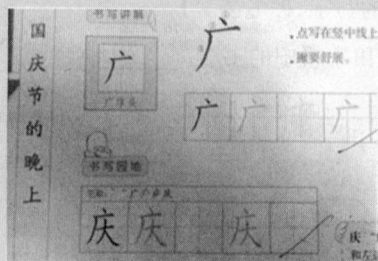

第二课

识字教学的课例研读与实践

本课培训内容：了解一年级各阶段的识字教学目标；研读识字教学的案例，初步掌握一年级各阶段、不同类型课文识字教学的基本课型；进行识字教学的实践，自我检测识字教学能力。

根据课标精神，我们知道一、二年级以识字教学为重点。一年级是识字的起步，在这一年里，教师要教会学生识字的方法，培养学生识字的能力，为学生自主识字打下扎实的基础。一年级上、下两册教材围绕着识字目标，编写了"入学准备"、"读儿歌识字学拼音"、"看拼音读课文识字"、"读课文查字典识字（部首、音序）"等单元内容。我们就这些识字课的目标、方法等分别作阐述，并提供相应的案例供大家研读，让职初教师能初步了解每个单元的课型结构。此外，我们还设计了技能演练实践活动，让大家在实践中初步掌握每个单元的教学策略。

一、"入学准备"识字教学课例研读与实践

根据《上海市小学语文学科学习准备期教学指导意见》，"入学准备"是学生学习语文的准备阶段，这一阶段的教学必须适度减少教学内容，放慢教学节奏，切实减轻学生学业负担，促进学生身心的健康发展。同时，还必须加强师生情感交流，消除入学新生对新环境的陌生感；引导入学新生初步了解语文学习的基本规范，激发他们学习语文的兴趣，充满自信地学习语文。

　　"入学准备"识字教学共有 11 课,以"看图学词学句"的形式出现。教师要指导学生做好学习语文的准备:一是培养学生良好的学习语文的习惯,如:正确的读写姿势、专心听、仔细想、认真读、问得清楚、答得明白等;二是教会学生开始认识生字,学会正确描摹基本笔画,本单元的识字教学应注重教会学生联系生活识字、形象化识字(如:做做动作、展开想象等)和笔画识字,使学生一入学就感受到识字的乐趣。教师还应该教会学生正确的写字姿势和执笔、运笔的基本方法;三是指导学生正确地朗读句子。

　　"入学准备"单元用两周时间完成,每课建议用 1.5 课时。教师可根据班级具体情况适当放缓进度。一般第一课时可安排激趣导入、初步感知、学习生字、朗读课文、巩固字词五个环节,后 0.5 课时可安排积累拓展、作业指导两个环节。在具体操作时可根据教学的实际需要进行增、减课时或调整环节。根据要求,本单元的生字只要求学生认读,不要求学生抄写,更不要求学生默写。下面,说说各课时各环节的操作步骤:

(一) 第一课时主要环节说明

　　1. 激趣导入。此环节要创设情境引入新课,激发学生的学习兴趣。可以采用谈话导入、猜谜导入、看图导入、讲故事导入、听音乐导入等方法。在板书课题时,教师要有意识地渗透写字教学,用规范、漂亮的板书引发学生的写字兴趣。

　　2. 初步感知。这一环节可让学生听课文录音或教师范读,了解课文的主要内容,圈出课文中的生字。

　　3. 学习生字。这个环节可以在教师出示生字卡片后,采用领读、"开火车读"等方式,在读中正音。同时,渗透拼音教学,让学生观察老师的发音口形,体会平翘舌音和前后鼻音的发音方法;在识记生字时应鼓励学生联系生活,用适合自己的方法记忆。对于字义的理解,可让学生进行组词、扩词,在语言运用中理解掌握。

　　4. 朗读课文。此环节首先要培养学生良好的朗读习惯,让学生打开课文,左手按书,右手指字,读到哪儿,指到哪儿,引导学生字字过目。刚学习朗读课文时,可让学生从模仿开始,教师范读,学生跟读。此外,还要激发学生的朗读兴趣。教师可创设情境,采用多种朗读形式,如:师生赛读、男女生比读、做动作表演读等等。

　　5. 巩固字词。此环节一般在一课临近结束时,刚从幼儿园进入小学的学生注意力易分散,因此,在这个环节中应充分利用游戏的趣味性、竞争性、自主性来唤起学生的有意注意和有意记忆,使学生情绪高涨地参与到学习中。

(二) 后0.5课时主要环节说明

1. 积累拓展。创设情境把文中所积累的词语运用于口头和书面表达中。表达训练着眼于组词组句,引导学生按句式把一句话说完整、说通顺。

2. 作业指导。低年级要求无书面回家作业,因此教师要将作业安排在课堂上完成,如:读生字、组词;读词语表中的词语或词语卡片上的词语;读课文。教师还可要求学生将这些口头作业向家长汇报,并制作评价表由家长打星评价,以此提高学生复习当天所学知识的自觉性。

下面提供一篇课堂教学实录,让大家了解这个单元的课型结构和主要的教学环节。这堂课注重在语言环境和游戏中识字,有借鉴意义。

案例示范1

☞**教学内容:**

小 学 生

小学生
我是小学生。

——选自沪教版入学准备(第一册)《小学生》

☞**教学目标:**

1. 激发学生拥有做一个小学生的自豪感,培养学习汉字的兴趣。

2. 能读准"小、学、生"三个生字;能认读词语"小学生"。

3. 练习朗读句子"我是小学生",并初步学习用"谁是什么"练习说话。

☞**教学过程:**

1. 讲故事,认识"学"字。

师:(出示生字卡片:"学")小学生,爱学习,你在哪里见过"学"这个字?

生:学校大门口的校牌上。

师:进学校,学本领,你最想学的是什么本领?

生：学写字、算术、画画……

师：怎样才能学好本领呢？学本领，不怕难，凡事认真最重要——心到、眼到和口到，"三到"牢记不忘掉！心到：认真思考不分心；眼到：注意力集中不张望；口到：积极表达不落后。

2. 展开想象，认识"小"字。

师：学汉字，方法多。看看插图上的小姑娘是用什么方法记住"小"字的？

生：小姑娘是用做动作的方法记住"小"字的。

师：我们身边的小东西实在太多了，你们能举举例子吗？

生：小草、小花、小鱼、小蝌蚪……

师：老师这里有一首儿歌，我们一起来读一读。（教师边示范诵读，边在黑板上图文并茂地画上小花、小草、小桥、小鸟等图案，学生跟读《小字歌》："竖钩中间立，左点右点分两旁。小花，小草，小桥边，一只小鸟立枝头。"

（点赞：在教学"小"字时，要拓展诵读，教师边示范诵读，边在黑板上图文并茂地画上小花、小草、小桥、小鸟等外形像"小"的图案，在识记生字的同时充分激发学生的识字兴趣。）

3. 猜字谜，认识"生"字。

师：念儿歌，猜字谜，汉字里面有学问，请大家一起猜猜这是哪个字？

师：（出示字谜）像"王"不是王，中竖顶出头。头上有牛角，总也煮不熟。

师：交流，并说说理由。

生："王"中竖顶出头，再加一撇就是"生"字。

（点赞："猜字谜"是孩子们最喜欢的游戏，在黑板上板书"王"和"牛"字，启发学生认真观察，积极思考，通过比较，找出"生"的字形特点，寓教于乐。）

4. 正确朗读句子。

师：这三个生字组成了一个词语。（师出示词语卡片："小学生"）你会读吗？

（指名读，"开火车"读，齐读。）

师：把这个词语放到句子中去，该怎么读呢？

（师出示句子卡片："我是小学生。"指名读，分小组读，男生、女生读。）

师：看插图：三个小朋友在校门口见面了，他们会说些什么呀？让我们听听……

（师出示句子卡片："我是小学生。我也是小学生。我们都是小学生。"）

（请三名同学分角色朗读句子，教师及时点拨，后组织学生分成三人小组读。）

（**点赞**：这是一年级第一学期的第一篇课文。教师在教学时充分激发学生识字兴趣，调动学生识字的积极性，让学生在实践中了解识字的方法，体现开放识字和自主识字的精神。同时，教师充分利用学生生活经验和生字的内在联系，把识字与认识事物、识字与初步读句、识字与发展学生语言结合起来。教师在指导词句的朗读时，创设情境并变化各种朗读形式，让学生不感觉枯燥。在此过程中，教师有意识地引导学生连读，指导语句之间的正确停顿，初步学会用"谁是什么"练习说话，达到巩固识字教学的效果。）

（案例提供者：中原路小学 张 莹）

【挑战一】

　　请执教"入学准备《明 尖》"，并整理课堂实录，点赞你使用的有效识字方法。

_____

_____

二、"读儿歌识字学拼音"课例研读与实践

"读儿歌识字学拼音"这部分教材从字面上理解，就是让学生在读儿歌的过程中识字并学习拼音。这部分教材以篇幅短小的儿歌引入，内容充满童趣。教师应利用有趣的儿歌，让学生多读多背，在生动的语言环境中识字，注意激发学生的识字兴趣，提高

识字效率，并在识字的过程中正确认读 23 个声母、24 个韵母和 16 个整体认读音节，正确拼读简单的音节，在老师的指导下拼读三拼音音节，能尝试借助汉语拼音读准生字的音。

朗读儿歌时，教师应注意避免"读快板"的现象，要教会学生字字过目，注意不添字、不漏字，培养学生从小养成认真仔细朗读的好习惯。同时，要注意引导学生通过朗读了解儿歌内容，读懂儿歌的意思。在阅读儿歌时教师可提出一些思考题，让学生读读想想，培养学生读文思考的阅读习惯。但要注意，所提的思考题不能太零碎，应该从整体阅读的角度出发找到思考点，思考题不宜太难，主要是引导学生读懂内容，学生通过多读多想就能找到答案。

识字学拼音时，教师应注意引导学生通过汉语拼音的拼读来读准生字的字音，特别注意读准平、翘舌音、前、后鼻音以及声调的指导。此外，教师要教会学生正确的写字姿势和执笔方法；正确地书写基本笔画，初步掌握一些笔顺规则，偏旁部首；能按笔顺规则正确描摹一些生字；有初步的写字兴趣。

本单元一般一篇文章安排 1.5 课时，第一课时可安排激趣导入、整体感知、朗读儿歌、分批识字、学拼音、巩固复习五个环节。后 0.5 课时可安排复习巩固、熟读儿歌等环节。也可根据教学的实际增减或调整各个环节。下面，说说各课时各环节的教学方法：

（一）第一课时主要环节说明

1. 激趣导入。同"入学准备"单元。

2. 整体感知。让学生在听课文录音或教师范读后，对课文内容有初步的了解；让学生在老师指导下，圈出本课要学习的生字、拼音。

3. 朗读儿歌。利用多种形式朗读儿歌，帮助学生巩固所学的生字和拼音。由于学生刚入学不久，可采用"听读——跟读——自读"的形式，在反复读儿歌时要提醒学生避免"小和尚念经，有口无心"，而应特别关注圈出的生字、拼音。

4. 分批识字、学拼音。可将课文的生字分批出现、分步落实。遇到难、易错的生字，可充分发挥学生的主动性，引导他们用"比一比"、"编编顺口溜"等方法帮助识记；还要将识字和学拼音结合起来，读读生字，拼拼音节，再看看音节是由哪个声母和韵母组成的,学习本课的声母、韵母和音节。

5. 巩固复习。用各种方法让学生巩固本课所学的生字、拼音及儿歌。

(二) 后0.5课时主要环节说明

1. 复习巩固。用多种方法复习巩固上节课所学习的生字、拼音及儿歌。

2. 熟读儿歌。用各种形式朗读儿歌,熟读成诵。

3. 写字指导。

下面就这一类课文的教学提供一篇课堂教学实录,供大家参考。

案例示范 2

☞**教学内容:**

看　天　鹅

小天鹅,大天鹅,

天鹅湖上天鹅多。

阿姨带我看天鹅,

哦,飞起一群白天鹅。

——选自沪教版小学语文一年级(第一册)《看天鹅》

☞**教学目标:**

1. 能在课文的语言环境中认读"看"、"天"、"白"3 个生字。

2. 能在正确认读生字、熟读儿歌的基础上,认读单韵母"a"、"o"、"e"。

3. 朗读儿歌,做到不加字、不漏字,能熟读成诵。

4. 认识笔画"横折",能按笔顺规则正确描写"白"、"天"两个字。

☞**教学过程:**

1. 看图引入,揭示课题,学习生字"看"和"天"。

师:小朋友们,请看多媒体演示,猜汉字。

(多媒体演示:"日"、"月"合在一起;"小"、"大"合在一起)

生:"明"、"尖"。

师：看多媒体演示"看"。（多媒体演示：孙悟空把手放在眼睛上，"手"、"目"合在一起，变成"看"）

2. 引入新课，初步感知儿歌内容。

师：小朋友们，请听录音，边听边想：儿歌里讲了什么？

（生认真倾听，然后讨论）

（师根据学生讨论，板书课题，把"天"字写在田字格里，边写边说笔顺"横横撇捺"）

师：小朋友们，来给"天"字找找朋友。

生：天天，天空，天边，天地……

师：跟着老师读课题《看天鹅》。

（生跟读）

师：请小朋友们仔细看老师读"鹅"字时的口形，是什么形状的？

生：扁扁的。

师：（板书"e"）念"e"的时候，咧开嘴，嘴角往上扬，跟老师读"e、e、e"。

（生同桌相互读）

（师领读课题）

（生跟读课题）

（**点赞**：从汉字的演变引入课题，意在激发学生的识字兴趣，感受汉字的魅力。认读会意字"明"和"尖"，既是复习巩固前一课的旧知，又有助于学生较快集中注意力，进入学习新知识的状态。本课新授的生字"看"，也是会意字，根据这类字的造字特点，让学生看看图片，做做动作，便于学生识记生字。）

师：听第一句，说说听到了什么？

生：小天鹅，大天鹅；天鹅很多。

（多媒体显示句子："小天鹅，大天鹅，天鹅湖上天鹅多。"）

师：请跟老师读，注意读句子时，看到"小逗号"要停一停。

（生跟读）

师：请听第二句，说说谁带我们看天鹅？

生：阿姨带我们看天鹅。

（多媒体显示第二句："阿姨带我看天鹅，哦，飞起一群白天鹅。"）

师：小朋友仔细看老师的嘴巴，读"阿"的时候嘴巴要张大。

（多媒体显示单韵母："ɑ"）

师：跟着老师读"阿姨，阿姨"。

（生跟读）

师：读儿歌第二句，请大家仔细观察老师读"哦"字时候的口型。

生：嘴巴圆圆的。

（多媒体显示单韵母："o"）

师：请跟我读第二句。

（生齐读第二句，学习生字"白"，师在田字格里范写"白"）

师：我们要认识一个笔画，（师手指多媒体显示的笔画"横折"）"横折"是一笔写成的。

（生齐声朗读"横折"）

师：伸出你的右手，张开你的左手掌，我们在手掌上书空"横折"。

（生学样书空，同桌相互书空）

（**点赞**：教学从听、读入手，教师范读时，有意强调、夸张地演示与新授韵母相关的汉字——"阿"、"哦"、"鹅"，引导学生听音时能关注老师的口型，初步感知单韵母的发音特点。学生在积极跟读字词、诵读儿歌的语言实践中，逐步掌握字母的读音，建立起"识字"和"学汉语拼音"的双向联系。）

师：下面，我们来做游戏"看谁反应快"。

（多媒体显示生字："明、白、看、同"）

师：我点什么字？你们说：我读什么字。

师：我们来做"叫号游戏"。

（多媒体显示拼音）

师：3号3号读什么？

生：3号3号"ɑ、ɑ、ɑ"。

师：我们来做"捉迷藏游戏"。

（多媒体显示学过的生字："明、白、看、同……"）

师：找找笔画"横折"在哪里？

（生圈划）

（**点赞**：游戏参与面广。在游戏中，学生所学的知识得以巩固，学习习惯得以培养。）

3. 再听录音，练习跟读整首儿歌。

师：第一遍，听，要求字字过目听清楚。

（生听录音）

师：第二遍，边听边读，字字过目跟着读。

（生跟读）

师：第三遍，齐读，字字过目指着读。

（生指读）

师：请小朋友自由练习"字字过目"指读儿歌。

（生自由朗读）

（生男女生合作读）

（**点赞**："倾听"与"朗读"是语文学习起始阶段教师要特别关注的学习习惯。尽管前一环节已经让学生分句听录音、跟读句子，但仍有必要再让学生静心听记整首儿歌。在听录音、读课文时，教师应该反复提醒"字字过目"。"指读"是帮助学生读课文时做到"字字过目"的有效手段，有助于学生在朗读儿歌起步阶段时，做到不加字、不漏字、不读错字。）

4. 布置作业。

师：练习朗读儿歌，注意"阿、哦、鹅"（"a"、"o"、"e"）的读音。

（**点赞**：本课是"读儿歌识字学拼音"单元的第一课，教学中教师特别关注"读儿歌"、"识字"、"学汉语拼音"的方法。让学生能在课文的语言环境中正确认读"看"、"天"、"白"3个生字，字不离词，词不离句。本课又是学生第一次接触汉语拼音，认读单韵母"a、o、e"是学生学习上的难点。教师将汉语拼音教学与识字教学相结合。如教学"鹅"、"哦"字时，要求学生听字音、看口形，脑中同时想韵母"a、o、e"的发音。）

（案例提供者：中原路小学　徐　蔡）

【挑战二】

　　请阅读以上课堂实录,说说"读儿歌识字学拼音"的课型结构。

_____

_____

_____

三、"看拼音读课文识字"课例研读与实践

　　从这一阶段开始,语文教学由原先的"读儿歌识字学拼音"过渡到了新课型"看拼音读课文识字"。教材以全文注音的方式呈现,篇幅短小。教师要让学生借助汉语拼音读通课文,同时在阅读中学习和巩固汉语拼音,在此基础上学习生字词语。由此建立识字和拼音的双向联系。

　　在"看拼音读课文识字"中,拼音学习要贯穿始终,尤其要加强拼读音节的训练,鼓励学生借助拼音拼读课文中带生字的语句。在借助拼音读准课文的过程中,教师要加强朗读指导,提醒学生不唱读、不顿读、不加字、不漏字,有按标点停顿的意识。若遇到课文中的长句要多读几遍,注意句中停顿,并开始在阅读过程中有意识地注意培养良好的阅读习惯,能结合语言环境了解词义、句义,进而初步了解短文内容。

　　在读通课文的基础上学习生字,学习常见的偏旁部首、常用笔画和笔顺规则。教师要继续有意识地指导学生整理归纳识字的方法,如比较识字、换偏旁部首识字和编顺口溜识字等。继续培养学生良好的写字姿势和正确的执笔方法,注重对学生进行笔顺指导,要求学生看清生字在田字格的位置,重视对学生进行关键笔画的指导,引导学生在田字格中正确描摹和临写生字。

　　本阶段每篇课文一般安排 2 课时,第一课时可安排激趣导入、整体感知、学习拼音、朗读课文、学习生字、巩固识字六个环节。第二课时可安排复习巩固、积累拓展、作

业指导三个环节。当然可根据教学的实际增减或调整各个环节的教学。

下面,就本阶段教学的一些主要环节做具体说明:

(一) 第一课时主要环节说明

1. 整体感知。本阶段文本篇幅有所加大,可借助课文录音或教师范读,让学生整体感知。倾听时教师可适当提一些小问题,让学生带着问题去倾听,以此引导学生初步学习整体把握课文内容的本质。在上述要求都达到之后,再要求学生能够借助汉语拼音将课文读正确,读流利,注意标点符号的停顿。

2. 朗读课文。教师宜采用多种朗读形式激发学生的朗读欲望,如自由朗读、同桌互读、分角色读、小组合作读、表演读、开小火车读、赛读等。

3. 学习生字。本阶段每一课的识字量比前一阶段有所增加,因此,教师在教学设计中,应遵循"集中和分散相结合"的识字原则,始终让学生在语言环境中识字,做到"字不离词,词不离句"。学习时,教师还要针对生字的特点,在音、形、义等方面各有侧重;在学生交流的基础上,教师还要有意识地帮助学生整理归纳识字的方法,如编儿歌、猜谜语、形象记忆、与生活相联系等。此外,本阶段开始教学生认识偏旁部首,学习时,教师可以帮助学生整理。如学习"氵"时,可让学生回忆一下学过的哪些字里有这个部首,比如"河、泡、沙"等。

(二) 第二课时主要环节说明

1. 积累拓展。这类课型在课后配有一些小练习,如"读"和"说"等。"读":一是"读读词语",教师的教学重点应该落实在要求学生读准每个字的字音上,它既是对生字的复习巩固,又能帮助学生积累词汇;二是"读读句子",教师在教学中应该更关注学生读句时语气是否正确,并在读的过程中培养学生的语感;三是"读读课文",教师在教学时重点应落实在不加字、不漏字上。"说":既是语言训练,又是思维训练。在教学中,教师的首要任务是教会学生说话要通顺、规范;在此基础上再要求学生展开想象,准确表达自己的意思。以上两个方面的练习内容,有利于帮助学生积累更多的、规范的、文质兼美的语言材料,这也是提升低年级学生语言素养的一个很好的切入点。

2. 作业指导。课后的"我来描一描,写一写"的练习,则是让学生从描摹到临写。这期间,教师还要继续重视学生的坐姿和执笔姿势。同时,要让学生熟记笔顺,仔细观察生字在田字格的位置,特别注意关键笔画,落笔时要横平竖直,尽量减少橡皮的使用次数。此外,教师也要在黑板上示范写字,关键笔画可用醒目颜色显示;在学生写字时,教师应该要多巡视,多指导,多鼓励。

下面提供一篇课堂教学实录,请大家关注它的生字教学的方法。

案例示范3

☞**教学内容:**

写　字

船儿在海上,

用浪花写字。

飞机在天上,

用云雾写字。

我在白纸上,

用铅笔写出最美丽的字。

——选自沪教版小学语文(第一册)《写字》

☞**教学目标:**

1. 能借助拼音读准"海"、"用"、"浪"、"云"、"纸"、"铅"、"笔"7个生字的字音,并结合课文正确认读这些生字;学习笔画"斜钩",认识部首"竹字头";描写"海"、"纸"、"笔"三个字,注意正确的写字姿势和执笔方法。

2. 能借助拼音朗读短文,在朗读中注意做到不添字、不漏字。

3. 能看图并模仿课文中的句子,把话说完整。

4. 在朗读和说话中展开丰富的想象,按要求练习说话。

☞**教学过程:**

1. 复习拼音,揭示课题。

(多媒体显示韵母:"ai、ong、ang、an、ie")

(师领读,生跟读)

（多媒体显示整体认读音节："wu zhi yun"）

（师领读，生跟读）

（多媒体显示课题音节："xie zi"）

（生拼读，跟读）

（师板书课题）

（齐读课题）

2. 看汉语拼音读句子，学习生字"纸、铅、笔、用"。

（多媒体显示图片）

师：看图说说，"我"在干什么？"我"在哪里写字？

生：我在白纸上写字。

（多媒体显示句子以及"白纸"的音节）

生：（拼读词语）白纸。

（1）教学生字："纸"。

（师指名领读）

师：认准整体认读音节、翘舌音。

师：认识新笔画"斜钩"。

师：区分"斜钩、竖提、卧钩"三个笔画。

（师范写"斜钩"）

（生在手心上书空）

（师教学笔顺）

（生书空"纸"）

（生给"纸"找找好朋友）

（多媒体显示句子："我在白纸上用铅笔写字。"）

（生借助汉语拼音把句子读正确）

（2）教学生字："用、铅、笔"。

① 拼读音节："yòng"。

② 说话训练："我用什么做什么。"

③ 生拼读词语"铅笔"。

④ 认识部首"竹字头"。

师：问答游戏：我在哪里写字？我用什么写字？我在哪里用什么写字？

3. 看拼音读句子,学习生字"海、浪、云"。

师：听录音思考：除了"我"之外,还有谁写字？

生：船儿、飞机。

（师贴图）

师：再听录音,它们在哪里写字？

生：在海上,在天上。

（1）教学生字"海"。

① 师：拼读音节："hǎi"。

② 师：用什么好办法记住这个字？

③ 师：范写"海",注意左右结构的字,左窄右宽。

④ 生：观察笔顺,书空,书上描一描,写一写。

师：借助拼音拼读课文,找一找,船儿、飞机分别用什么写字？

生：浪花、云雾。

（2）教学生字"浪"、"云"。

① 师：拼读"浪",用自己的好办法记字形。

② 师：整体认读音节"云"。

4. 写字指导,复习词语。

（1）指导书写"海"。

师：放松活动,做做手指操。

（生观看"海"的笔顺动画）

师：跟着笔顺动画,书空笔顺。

（生边写边数笔画）

师："海"字的第八笔是什么？

生：点。

师：在田字格中范写。

（生描一个，写一个）

（**点赞**：写字之前做手指操，在缓解学生身心疲劳的同时，也有助于调动学生更多的感官，为端正书写做准备，这样的设计能准确把握学生心理，开启学生识字写字之门。）

（2）拼读复习。

（多媒体显示"海、用、浪、纸、铅笔"等字词的音节）

（生领读，拼读）

（**点赞**：《写字》作为"看拼音读课文识字"阶段的第一篇课文，肩负着承上启下的使命。从本课起，学生需要不断地巩固已学的汉语拼音，因此在本节课教学的第一个环节，教师就设计了汉语拼音的复习环节：先出现韵母，再出现整体认读音节，最后出现的是本课的课题。特别要肯定的是，教师依次出现的汉语拼音，都是与本课的生字新词有关的，旨在为学生后面的学习打下伏笔，这样的精心设计值得称道。

低年级的识字教学强调"分批出现，分步落实，针对特点，各有侧重"。本课共有 7 个生字，其中 4 个分布在最后一句话里，于是老师在课堂上，把这 4 个字分成一批集中起来教学。其中"纸"、"笔"的教学侧重于字形；"用"的教学侧重于语言实践，应该说这样的生字教学是符合学生的认知规律的。）

（案例提供者：中原路小学　顾戎姝）

【挑战三】

识字教学是"看拼音读课文识字"阶段的重点，上述的课堂实录重点撷取了关于"纸"这个字以及涉及的新笔画"斜钩"的教学片断，请你将本课中另一个生字"笔"以及涉及的新部首"竹字头"的教学实录写下来。

_____

_____

_____

四、"读课文，查字典识字（部首、音序）"课例研读与实践

一年级第二学期"读课文，查字典识字（部首）"的教学，顾名思义就是让学生先读课文，然后通过查字典的方法让学生识字。识字依旧是这一阶段的主要目标，因此在教学中，教师既要鼓励学生运用已掌握的方法识字，又要教会学生用"部首、音序查字典"的方法，让学生借助字典来识字，逐步养成利用字典自主识字的习惯。

字典是"不会说话的老师"，是自学生字的重要工具，对拓宽学生识字渠道，提高学生自主识字能力有重要意义，所以，教师培养学生查字典的能力是很重要的教学内容。

一年级第二学期要教会学生部首查字法和音序查字法。教授部首查字法可分以下几步：（一）确定要查的字的部首，并数一数这个部首有几画，在"部首目录"里找到这个字的部首和页码。（二）根据页码在"检字表"中找到这个部首，将要查的字除去部首后数一数剩下几画，查到这个字的页码。（三）按页码在正文中找，就可以查到这个字了。教授音序查字法可分以下几步：（一）熟记《汉语拼音字母表》，熟练掌握音序。（二）确定生字的第一个字母是什么，在字典的《音节表》里查到它的大写字母。（三）在查到的大写字母下面找到音节，再看看它右边标的页码。（四）翻到指定的页码查到音节后，再按四声的顺序，查到要查的字。在掌握方法的基础上，教师尝试让学生学习独立识字，培养他们遇到不认识、不理解的字词时通过查字典解决的能力，从而逐步养成勤查字典、主动识字的好习惯。

"读课文，查字典识字（部首、音序）"阶段的课时分配一般安排 2 课时。第一课时可安排新课导入、初步感知、朗读课文、查字典识字四个环节。第二课时可安排复习查字典识字的方法、再读课文、巩固书写、游戏操练四个环节。当然可根据教学的实际增减或调整各个环节。下面，就本课型学习的一些主要教学环节做具体说明：

（一）第一课时主要环节说明

查字典识字。教师可通过实物投影给学生讲述《新华字典》中每一个栏目的功用，为了更好地激发学生的学习兴趣，加深他们对《新华字典》每个栏目的熟悉程度，老师可以设计"我说你翻"的游戏。学生熟悉了《新华字典》后，教师可根据上述步骤教会学

生查字典,利用查字典识字。值得注意的是学生刚开始使用《新华字典》这一工具书来识字时,速度会比较慢,教师可适当减少学生的识字量,以免引起学生的厌烦情绪。当学生初步掌握了部首(音序)查字法后,教师可创设实践活动,这样既巩固了部首(音序)查字的方法,又激发了学生查字典的兴趣,同时使学生进一步认识到部首(音序)查字法的好处,感受到查字典的乐趣,从而喜欢上查字典。

(二) 第二课时主要环节说明

复习查字典识字的方法。复习查字典儿歌,让学生回顾查字典的方法和步骤。选择课文中的生字让学生练习查字典识字,检查学生掌握的程度。

游戏操练。多媒体显示一些课文中不曾出现的生字,让学生通过查字典的方法进行自主识字,可进行"打擂台"比赛,比比谁的速度快。

下面提供一段课堂教学实录,让大家更直观地了解查字典识字的教学方法,供参考。

案例示范4

☞**教学内容:**

两只小狮子

狮子妈妈生下了两只小狮子。

一只小狮子整天练习滚、扑、撕、咬,非常刻苦。另一只却懒洋洋地晒太阳,什么也不干。

一棵小树问懒狮子:"你怎么不练功啊?"

他抬起头来,慢吞吞地说:"我才不去吃那苦头呢!"

小树说:"那你以后怎样生活呢?"

懒狮子说:"我爸爸和妈妈是林中的大王,凭着他们的本领和地位,我会生活得很好!"

这话被狮子妈妈听到了,她严肃地对懒狮子说:"孩子,将来我们老了,不在了,你靠谁呢? 你应该刻苦练功,学会生活的本领,才能成为真正的狮子!"

——选自沪教版小学语文一年级(第二册)《两只小狮子》

☞**教学目标：**

1. 能在语言环境中正确认读本课 11 个生字：练、刻、苦、另、晒、功、慢、王、将、应、该。正确描写 4 个生字：刻、苦、应、该。认识"立刀旁"。

2. 能在教师的指导下学习用部首查字法在字典里查找"刻"和"慢"。

3. 能正确朗读课文，不唱读、不顿读。

4. 能初步懂得每个人都应该学会独立，不能事事依赖他人的道理。

☞**教学过程：**

1. 板书课题，初步感知课文内容。

师：(口述课文第一节内容)狮子妈妈生下了两只小狮子……

看多媒体显示的课文内容，听录音，思考：课文中的两只小狮子是怎样的两只小狮子？

(生交流反馈)

师：打开课文，自由朗读全文，边读边圈出课文中的生字。

(多媒体显示第 25 课的生字：练、刻、苦、另、晒、功、慢、王、将、应、该

　　　　　　　　　　1　2　3　4　5　6　7　8　9　10　11)

2. 学习用部首查字法识字——在字典里查找"刻"和"慢"二个字。

师：多媒体显示的这些生字出现在我们今天要学习的课文《两只小狮子》中，你们认识它们吗？自己试着轻声读一读。

(学生自由读，自主学习生字并交流)

师：几号生字你们不认识？(以下重点教学 2 号和 11 号生字)

师：当我们碰到不认识的字该怎么办呢？我们可以请出一位无声的老师来帮忙。(师出示实物：《新华字典》)

师：它就是——《新华字典》。你们知道它的什么作用吗？

生：我们可以借助字典自己来认识不会读的生字，并了解它的意思。

师：说得真好！那我们先来认识一下这位无声的老师(多媒体显示《新华字典》封面)。那么，如何借助《新华字典》来学习生字呢？今天老师教大家一个自主识字的好方法。那就是——用部首查字法查字。

（师板书：部首查字法）

（生齐读）

师：用"部首查字法"查字需要用到《新华字典》"部首检字表"中的三个部分："部首目录"、"检字表"、正页。（多媒体分别显示）

师：熟悉了字典中的这三个部分，我们来做一个"我说你翻"的小游戏。

师："部首目录"在第几页？

（生翻页，翻页最快的最先举手）

师："检字表"在第几页？

（生翻页，翻页最快的最先举手）

师：翻到"正页"。

（生翻页，翻页最快的最先举手）

（**点赞**：教会学生查字典，对培养学生自主学习生字的能力是大有好处的。"部首检字表"中的三个部分："部首目录"、"检字表"、正页，对于刚接触字典的低年级学生来说比较陌生，老师设计"我说你翻"的游戏，既激发学生的学习兴趣，又加深他们对这三个栏目的熟悉程度。）

师：那么，如何用部首查字法查字呢？有一首部首查字法儿歌来帮忙啦！

（多媒体显示：

定部首，数几笔，部首目录找到它。

部首外，再数数，检字表中找到它。

快快快，快快翻，找到正页找到家。）

师：我们以这课的课后练习中用部首查字法查"刻"字为例来学学这个本领。

师：既然是用部首查字法查字，我们首先要定部首。"刻"的部首是——刂。

师："刂"是我们学习的一个新部首；数数一共有几笔？

生：2笔。

（生书空"刂"）

师：部首确定了，几笔数好了，我们就要在部首目录的"2画"找到它。记住"刂"右边的页码的29。

（生翻字典至 29 页）

师：去掉"刂"部首外，再数数"刻"字还有几笔呢？

生：6 笔。

师：马上在"检字表"中找到它。

（生翻字典）

师：6 画的"刂"出现在第几页？

生：29 页。

师：找到"刻"字旁边的页码，这就是这个字在正页中的页码。

（生快速翻阅）

师：小结用部首查字法查"刻"字的步骤与方法（多媒体演示全过程）：

第一步，先确定"刻"这个字的部首，它的部首为"刂"；再数数"刂"的笔画，它有 2 笔；然后在部首目录的 2 画中找到"刂"，记住"刂"右边的页码的 29。

第二步：翻到检字表的第 29 页，找到"刂"，数数去部首"刂"的部分的笔画，有 6 笔，然后在"刂"的 6 画中找到"刻"，记住"刻"右边的页码 269。

第三步：翻到正页的第 269 页，找到"刻"，它的读音为"kè"。

（生尝试按老师教的步骤再查"刻"字）

（点赞：教师先指导学生使用双色本《新华字典》（第 11 版），学习用部首查字法查"刻"字；随后学生观看多媒体演示查"刻"字的整个过程；最后学生再次练习查"刻"字的方法。三次不同形式的练习，有利于学生系统地梳理查字典的方法，学生对儿歌的解读也更加地直观。）

师：让我们一起来复习一下部首查字法儿歌。请大家跟我读"定部首……"

（生念儿歌：

"定部首，数几笔，部首目录找到它。

部首外，再数数，检字表中找到它。

快快快，快快翻，找到正页找到家。"）

（点赞：通过学习儿歌的方式让学生掌握查字典的规律、步骤和方法，学生更容易接受，也可以提高他们查字典的速度。）

师：请学习小组读读这首儿歌。

（生赛读）

师：你们能按刚学到的本领来查生字"慢"吗？

（生自查生字"慢"）

师：这个字的部首是什么？除部首外有几笔？

（生交流）

生：我们先在部首目录找到"忄"，看看它在第几页？；然后再检字表中找到"忄"，在"忄"的11画中从上往下找，找到后看看右边的数字。最后从正页中找到这个字。

师：同桌比赛查"慢"字，看谁查得又快又准。

（生打擂台）

3. 学习课文第2—6小节，指导朗读"懒洋洋、慢吞吞"二个词语。

（1）学习第2小节。

师：在学习这篇课文生字的过程中，我们还学会了一个新的本领，用部首查字法识字。现在，我们再来认识一下这两只小狮子。（多媒体显示第2小节。）

（生轻声读，读准字音，不加字，不漏字）

师：每句话分别讲谁？其中一只狮子的"勤劳"体现在哪些地方？

生：滚、扑、撕、咬；整天。

师：另一只呢？（指导朗读"懒洋洋"）

（2）学习课文第3—6小节。

师：自由读读3—6小节，思考：小树和懒狮子对话了几次？说了什么？

（生交流）

师：思考：狮子不想吃什么苦？（指导朗读"慢吞吞"）

师：他们的本领是指什么本领，他们的地位又是什么？

讨论：你觉得它说得对吗？你想对它说些什么？

4. 学习课文第7小节，明白道理。

师：读读课文第7小节，从狮子妈妈的话中你们明白了什么？

生：每个人都应该学会独立，不能事事依赖他人。

5. 布置作业。

说一说：听了妈妈的话，懒狮子会怎么想，怎么做？

（案例提供者：中原路小学　华　鸣）

【挑战四】

　　请用音序查字法教学一年级（第二册）《小壁虎借尾巴》中的三个字："挣、断、您"，并做好课堂实录。

_____

_____

_____

第二单元

阅读教学

顾　昕　张俊怡　黄　琴

第二单元

第三课

掌握阅读教学基本功

本课培训内容：认识练好阅读教学基本功的意义，掌握阅读教学中富有感染力的示范朗读、准确、清晰的课堂讲解、开放有意义的提问设计、启发激励的点评艺术、精巧规范的板书设计、恰当娴熟的媒体使用、和谐宽松的课堂氛围创设和基于课标的作业设计的基本功。

阅读教学是一门艺术。阅读是一种体验，而体验，应该是多层次多角度的。平常，我们所说的阅读，主要有看书、默读、朗读等多种形式。其实，真正的阅读，应该是全身心投入的，要调动所有的感觉器官全情地投入，包括眼、口、手、心等。在语文教学中，阅读教学是通过对学生进行阅读指导、阅读训练，从而提高阅读能力的教学活动。语文课所承担的重要任务之一就是通过阅读教学来提高学生的阅读能力。阅读教学除了具有进行阅读指导、阅读训练的职能外，同时还兼有丰富知识、培养认识能力、陶冶道德情操、培养美感、提高写作示范的功能，是一种综合性的训练。因此，我们要通过阅读教学，既提高学生人文素养，又教会学生语文知识，培养学生听、说、读、写的能力。

语文教师要提高阅读教学的效率，首先要掌握阅读教学的基本功。阅读教学基本功有示范朗读、课堂讲解、提问设计、课堂点评、板书设计、媒体使用、课堂氛围创设、作业设计等。掌握阅读教学基本功有其重要的意义。在阅读教学中，学生是语文学习的主人，是学习和发展的主体。教师是学习活动中的组织者和引导者。教师自身的素质修养直接影响到学生的学习。教师在教育学生的同时，自身也需要不断地学习。语文教学基本功是小学语文教师为完成本学科教学任务所应具有的最基本的教学技能。

它从某种意义上来说，是反映语文教师教学水平的一个重要因素。以下就如何掌握阅读教学中示范朗读等八项基本功做具体说明。

一、 掌握"富有感染力的示范朗读"的基本功

示范朗读是教师从教材中感受作者的情感，从教材的字里行间理解作者的情思，把无声的语言文字通过有声的朗读，正确地示范性地表达作者情感的一种方式。通过教师的示范朗读，学生的内心世界容易和文本达成共鸣，产生学习语文的浓厚兴趣。教师示范朗读是让学生感知教材、生发情感的有效手段之一。教师的示范朗读一是能够帮助学生矫正字音、确定重音、调整语速、模仿语调、弄清停顿、揣摩语义，有助于学生学习普通话，训练听说能力，把握作品的情感基调；二是可以营造声情并茂、和谐愉快的教学氛围，丰富教学内容，活跃学习气氛，产生强烈的情绪感染力，让学生得到美的享受；三是帮助学生分辨人物身份、角色，分析人物形象，准确把握人物的性格特点，强化对学生的思维训练；四是有助于打破"一言堂"的被动局面，使语文教学更具艺术性。

教师在课堂上进行示范朗读，首先，要从整体上把握课文的逻辑气韵，把握课文的中心思想，确定课文朗读的基调。其次，教师的普通话要力求准确，做到声韵正确，四声分明，还应读出轻声和音变之处来，即用标准的语音把课文读得连贯、流畅。再次，要在正确把握感情的基础上注意轻重缓急。最后，应注意有相应的面部表情和姿态。当然，示范朗读是一种教学手段，教师应选择恰当的时机。以下列举几种示范朗读的情况：

（一）"初读课文，整体感知"时的示范朗读

初读课文时，教师通过富有情感的示范朗读把书本上的无声语言变成了有声有色的语言，这样既能有效解决学生预习中发现的难读的字词，也可以在音韵、节奏等方面给学生提供示范，通过正确的语音、语调、节奏传递给学生以美的享受、情的感染，促使学生在头脑中形成一个个鲜明的形象，画出一幅幅生动的画面，产生一种立体感，从而初步调动起学生用眼睛接触书面语言，用耳朵感知示范朗读的有声语言，进而萌发要深入了解作品内容的冲动。于是，学生就有了学习的欲望，有了学习的兴趣。

（二）"难读、难理解长句"的示范朗读

有的课文中有些长句子较难读，也较难理解，学生难以把握。这时老师的正确指点和声情并茂的示范朗读就可以突破难点，降低学生的学习难度，放缓坡度，收到理想的效果。有了教师"手把手"的引导，学生会学有方向，化难为易，朗读兴趣大大提高。那些难读、难以理解的句子便不会阻碍学生的阅读了。

（三）"重点句子和重点段落"的示范朗读

对于一些重点句段的示范朗读，也是教师关注的重点。重点句段的学习一般是和理解内容、体会情感结合在一起，在学生"读中感悟"出现困难时，随机示范。在读前可以设置提示性的问题，如：听老师读这段课文，看老师强调了哪几个词语？老师的几种读法中，你最喜欢哪一种？为什么？……这样的提问必然引起学生的思考，从而加深学生对课文的理解，学到具体的朗读知识和技巧。

二、 掌握"准确、清晰的课堂讲解"的基本功

讲解是人们解释或解说知识和专门技术的行为方式，是课堂教学中最普通的教学方式，是作为中介语言增进学生认知水平的重要手段。教师通过准确、形象、具体、生动的课堂讲解和演示，能在较短的时间内，全面而广泛地向学生传授大量的知识；可以把学生感到难以理解的知识，变得通俗易懂；可以把学生感到枯燥乏味的知识，变得生动有趣。语文教师的课堂讲解要做到准确、清晰，需要具备以下几方面的素养：一是要有良好的文化底蕴。文化底蕴要从阅读中获取。教师不仅要阅读教材、教学参考资料，最重要的是要博览群书，扩大自己的知识面；二是要深刻理解教材。对于教材内容、文本意义、表达方式都要细细品味，认真解读。只有自己正确理解文本才能做到讲解准确。此外，教师还要不断锤炼自己的语言，在教学中做到口齿清楚、语音正确、音量适中。三是课堂讲解要适时，"不愤不启，不悱不发"，也就是说，只有学生通过自己的思考对问题达到了"愤"、"悱"这种思而不解的程度时，教师才能给予学生必要的指导和点拨，这时的讲解和引导才能真正有效，否则只能是进行纯知识性的传授。教师在进行课堂教学时只有把握好讲解的时机，科学地运用讲解技能，才会使课堂教学有

效。语文课中的以下几个环节通常需要教师讲解：

（一）导入

新课的开篇，有的课文通过简单的讲解，能激发学生的学习兴趣，或引起学生的学习动机，或引入学习情境。

（二）过渡

课堂教学过程中，教学步骤的转换，与相对独立内容的衔接，通过教师恰当的讲解，使整个教学过程自然紧凑。合理的过渡不仅具有承上启下的作用，还能深化学生对课文的理解，激发情感。

（三）重点、难点

对课文中某些不易读懂的词句和重点、难点或难以理解的问题以及人物经历或含义较深的地方，需要教师分析、讲解。讲解应通俗明白，要井井有条，避免冗长难懂的句子和生造冷僻的术语。教师应通过讲解变复杂为简单，变深奥为浅显，使学生能够理解和接受。

（四）描述

有些课文描述的人或事内涵较含蓄，教师可通过讲解，进一步形象地描述课文所写的人、事、物、景以及表现的内涵。

（五）点评

教师可通过讲解对学生的理解作出评价。对学生回答错了、认识模糊、理解不透、模棱两可、有独到见解等情况，教师都需要有态度、意见，及时反馈评价，另外，评价要准确、明晰，一语中的。

（六）小结

教学中一个过程的结束，一段课文理解之后或对某个问题讨论完成以及将学生分散、凌乱的认识集中起来，都需要小结，以便让学生形成完整认识。小结部分的讲解要做到简洁，寥寥几句便可以使学生得其要领。

（七）总结

一篇课文讲完了，能否给学生留下完整的印象，能否让学生回味无穷，教师的讲解至关重要。教师总结时的讲解，既要概括作者的思路，又要点明文章的中心，从思想内容到表达方法，将文章的内涵刻在学生记忆中，要达到情犹未尽、意犹未已的境界。

总之，教师讲解的时机应该放在知识的关键点，或者放在学生认知困难的环节，当学生进入一种最渴望得到知识的情境时，教师的启发诱导，才能达到水到渠成的效果，这便是抓住了讲解的最佳时机。

三、　掌握"开放有意义的提问设计"的基本功

课堂提问是指教师根据课堂教学的目标和内容，在课堂教学中创造良好的教育环境和氛围，精心设置问题情景，提出有计划性、针对性、启发性的能激发学生主动参与的欲望、有助于进一步培养学生的创造性思维的问题。提问有利于增进师生交流，集中学生注意力，促进学生思维，调动学生主动参与教学活动，参与评价教学效果以及推动学生实现预期的目标。

掌握"开放有意义的提问设计"是每一位语文教师必须具备的基本功。首先要在课前精心设计问题。可以从这几方面入手：课文的重点、难点处，学生易混淆、易忽略而又与理解课文内容关系密切处，文章画龙点睛处，能触发学生想象、联想处，发展其创造性思维处等。教师必须设计具有思考价值的问题，让学生通过思考才能找到正确答案。如果教师提出的问题，学生无需思考，直接从书中就可找出答案来，则难以达到"以问促读"的目的。教师设计的问题必须具有讨论意义，有助于学生深入理解课文，弄清课文的实质，能牵一发而动全身的。如《一曲胡笳救孤城》中，教师可以抓住一个主问题"一曲胡笳如何救孤城"，从而引发一连串小问题，"胡笳曲是怎样的？只要吹一曲就能救孤城吗？还需要哪些特定的情境？"等，形成一条问题链，把学生的思维引向深处。教师设计的问题还要具有开放性。这类问题一般没有标准答案，如：读了这段文章你有什么感受？对这个人物你是怎么评价的？学生的答案会精彩纷呈。此外，还要注意问题的难易度。教师的提问应遵循一定的认知规律，从学生的认知能力，已有知识和经验的实际出发，针对不同的学生，提出恰当的问题。问题既不可太浅显易答、无多少思考价值；也不可太深奥，脱离了学生的认知水平，艰涩难懂。同时，在提问过程中，教师要向学生抛出恰当的信息资料，进行一定的思路引领，只有这样，学生才能

够在教师的启发下拾级而上，步步提升。

课前精心设计提问，为课中推进教学目标的达成做好准备。当然，在课堂教学过程中，教师还要注意把握提问时机。时机得当就能够最大限度地调动学生读文思考的兴趣，起到事半功倍的效果。时机不当就会分散学生的精力，起到适得其反的作用。俗话说，良好的开端是成功的一半。在一堂课开始时设疑提问，学生的注意力最集中，可以起到快速激发学生求知心理的效果。在课堂中间提问，应根据课堂教学实际需要，选择学生注意力最集中、兴趣最盎然的时候实施，还可根据学生的课堂生成，选择思维碰撞点来提问。在课尾提问，可以考察学生对本堂课所学知识的掌握程度，以便查漏补缺。总之，课堂的提问要围绕重点、难点，坚决克服课堂提问的随意性。

四、 掌握"启发激励的点评艺术"的基本功

所谓课堂点评就是任课教师在教学过程中，为促进学生学习，改善教师教学而实施的对学生学习过程与结果的评价。课堂点评从定义范围上可以分为狭义和广义的评价。狭义的评价指言语点评，广义上的评价指除言辞外，还包括形体的语言，如教师的某个表情，一个眼神，一个手势等都属于评价的范畴。

《语文课程标准》指出：学生在回答、表演、朗读等活动后教师作出的评价语言，是实现"情感态度"目标的重要措施之一。好的评语可以开启学生积极的学习心智，使学生产生愉悦的学习情绪，引发学生向上的学习动力，建立足够的学习自信，提高课堂效率。

课堂点评要具有针对性。教育的过程是教育者与受教育者相互倾听与应答的过程。教师一定要认真倾听学生的发言，关注学生的语文实践，及时捕捉他们在品读、分析、答问等方面的信息，作出恰当的反馈。课堂评价的功能不仅在于激励，更在于指明方向。对学生有针对性的评价才是真正着眼于孩子的发展。对于学生的优点，要加以肯定；对存在的问题，应以委婉的语气以建议的形式提出，让学生知道今后努力的方向。如果教师没有准确客观地指出学生的长处及存在的问题，学生也就失去了一次"扬长避短"的机会。如：在语文课堂的朗读指导环节中，教师以"你读得真好"、"你读得很有感情"作为评价，就缺乏针对性，也不能给其他同学带来启发。这个学生读得好在哪里，棒

在哪里,结果不得而知。如果能从标点的停顿、语速的快慢、语气的把握、情感的体现、语音的标准、汉字的准确、流利的程度等标准中的一方面或是几方面给予肯定或引导,学生才能明白朗读时应该注意什么,这样的评价才能促进学生朗读水平的提高。

课堂点评要具有鼓励性。由于问题本身的难易程度不同,学生的思维方式不同,学习基础不同,因而回答问题的水准会参差不齐。此时,教师的点评应坚持鼓励的原则,充分发挥评价的激励功能,努力探索激励、唤醒、鼓舞学生的有效因素。对回答得好的同学要毫不吝啬地鼓励表扬,让他们获得成就感、满足感;对即使答案有偏颇的学生,也不要轻易否定,而要找出他们的闪光点加以引导、激励。特别要创设机会让那些学习困难、不善言辞、不敢举手的同学发言,鼓励他们努力就会有收获。如:"你的回答基本正确,但要是换一种说法或许会更好。""你的答案虽然只有一点正确,但你毕竟迈出了可喜的第一步,希望你继续努力。"点评时,教师除直接用明白、晓畅的语言外,也可以用诗文或名言警句进行点评,让学生在教师的点评中得到熏陶。除传统的教师口述点评以外,一个有力的手势,一个赞美的微笑,一个善意的眼神,往往会起到此时无声胜有声的效果。如:在学生动情地回答时,可以靠近一些,用心去聆听;在学生表现好时,可以毫不吝啬地翘起拇指表示赞许;在学生表现不自信时,可以给学生一个真诚的微笑与鼓励的眼神;在学生大胆发言时,可以给予学生善意的微笑,点头表示赞许;在学生畅所欲言时,听到满意处可以走到学生面前拍拍学生的肩头……

课堂点评除教师本人点评外,还可以组织学生点评,这样,不仅评者、被评者双方都处在积极的思维之中,还可以提高双方的学习兴趣。当然,无论怎样点评,都要适时、适度、适人。

五、 案例示范及技能演练

案例示范 1（朗读）

☞ **教学内容:**《桂林山水》

☞ **朗读示范:** 网址链接: http://p.piekee.net/audio/qC1LiGt5yi8＝.html.

（**点赞**：运用有声的语言读出了桂林山水的美，读出了情趣，读出了感情，让听者获得情的感染、美的享受。）

（案例提供者：上海市控江二村小学　季喆婷）

【挑战一】

　　请将自己朗读的《鸟的天堂》录音，对照丁建华老师朗读的版本（网址链接：http://www.xikrs.com/k(1)/ssa188.htm），对自己作出评价。

案例示范 2（讲解）

☞**教学内容**：

　　在太空中，由于摆脱了地球引力，处于失重状态，因此，任何东西只要轻轻一碰就会飘浮起来。

——选自沪教版小学语文二年级（第一册）《到太空去》（节选）

☞**教学过程**（片段）：

　　……

　　师：为什么在太空中会发生这么多有趣的事呢？请同学们默读课文，找找答案，用直线划出来。

　　（生默读课文，找句子）

　　生：我找到了原因，在太空中，由于摆脱了地球引力，处于失重状态，因此，任何东西只要轻轻一碰就会飘浮起来。

　　师：你认真读课文，找到了答案。同学们，我们一起来读读这个句子，边读边想想有什么不明白的地方吗？

　　（生齐读句子，思考）

　　生：我想知道什么叫地球引力？

生：我不明白什么叫失重？

（众生点头）

师：同学们边读边思考，提出了两个很有质量的问题，有谁能回答吗？

生：我觉得地球引力就是地球吸引东西的力。

师：哦，我听懂了你的理解，还有同学想说吗？

生：我觉得失重就是失去了重量。

师：你们同意吗？

（生有的摇头，有的点头）

师：面对问题，要自己试着动脑筋、想办法去解决，刚才同学们敢于思考、表达，这样的学习习惯很好。那么，他们究竟说得对不对呢？现在，老师给你用最通俗、简洁的语言讲解一下。整个地球对它周围的物体都有吸引力，就好像地球爷爷有双无形的手，牢牢地抓住了桌椅、你们和我、草地、球门……这种力我们就叫它地球引力。在太空中，因为摆脱了地球引力，就没有了力场，任何东西包括人都将失去原有的重量，处于没有重力的状态，我们就叫它失重状态。所以任何东西只要轻轻一碰就会飘浮起来。都听明白了吗？

（众生点头）

……

——二师附小杨莉俊老师执教

（**点赞**：《到太空去》一课的教学难点是让学生能在语言环境中理解太空生活有趣的原因，感受失重状态下的特殊性。找到原因对学生来说不难，难的是理解"地球引力"、"失重状态"，因为这些内容对学生来说陌生而遥远，属于物理学的范畴。如何深入浅出地讲清概念，让学生一听就懂？教师在引导学生质疑后，选择了"讲解"这一最朴实的教学方法。讲解时，教师用直白、口语化、儿童话的语言将两个科学概念明明白白、清清楚楚地告诉给学生，将深奥、抽象的概念简洁化、形象化、生动化，学生学得轻松、高效，"讲解"发挥了最大限度的作用。）

（案例提供者：控江二村小学　方美霞）

【挑战二】

将你课堂中的"讲解"片段写下来，并说说你的意图。

_____

_____

_____

案例示范 3（提问）

☞**教学内容：**

智 烧 敌 舰

二千多年前，古希腊出了个很有名的科学家叫阿基米德。

那时候，邻国之间经常打仗。希腊这个国家很小，许多年轻力壮的男人牺牲了，留下的尽是些老人、妇女和孩子。有一年，罗马帝国乘虚而入，派军舰侵略希腊。那时，军舰都是木头做的，舰上还竖着桅杆，桅杆上挂着很大的布帆。

希腊的老人、妇女和孩子都站在海岸上，眼睁睁地看着罗马帝国的军舰一艘接一艘，越来越近，不一会儿，连军舰上手拿闪亮战刀的士兵也看得清了。眼看驶在最前面的一艘敌舰就要靠岸了，大家急得惊惶失措。

"不要慌，不要慌！"忽然有个人大声喊叫起来。大家一看，都认得他，他就是阿基米德。阿基米德跳到一块高高的石头上，睁大眼睛对大家说："快回家去，把你们家里的镜子全拿来。快！快！"

大家虽然不明白镜子和打仗有什么关系，但知道阿基米德是希腊最聪明的人，就都跑回家去拿镜子。人多，镜子也多，足有上千面呢！

这时候，太阳高高地挂在天空，阿基米德就指挥大家一字儿排开，拿起镜子把反射的阳光集中对准第一艘军舰的布帆。也真奇怪，那布帆"轰"的一下起火了，风助火势,越烧越旺,顷刻间,大火包围了军舰。被烧得焦头烂额的罗马士兵狂呼乱叫,纷纷跳水逃命。阿基米德又指挥大家用镜子把反射的阳光对准第二艘军舰。第二艘军舰也着火了。就这样,第三、第四艘军舰相继被烧,吓得后面几艘军舰掉头就逃。

胜利了! 海岸上的希腊人欣喜若狂,围着阿基米德欢呼起来:"阿基米德真有本事! 真了不起!"

阿基米德笑眯眯地说:"我有什么本事? 是太阳帮了咱们的忙。你们想,咱们上千面镜子把太阳光反射到布帆上去,这么高的温度,布帆当然就会着火了。"

——选自沪教版小学语文三年级(第一册)《智烧敌舰》

☞ **教学过程**(片段):

(在结束全文学习时)

师:阿基米德的"智"体现在哪里? 为什么?

生1:遇事冷静(叫大家不要慌)。

生2:善于观察(看见敌舰木头桅杆、布帆等易燃物品)。

生3:善于分析(敌强我弱,不能硬拼;取镜子最快最简便;风助火势……)。

生4:善于运用知识(上千面镜子利用反射阳光集中对准布帆,使布帆燃烧)。

——回民小学殷文俊老师执教

(**点赞**:本文记叙的是二千多年前希腊著名科学家阿基米德带领希腊的老人、妇女,运用太阳光的反射、聚焦原理"引火烧船",战胜了强大的罗马舰队的故事。"智"这个字可以说是整篇课文的眼睛和精华,它蕴含着全文的思想内容和情感。教师在结束全文学习时提出这个问题:阿基米德的"智"体现在哪里? 为什么? 这一问题既可以考察学生对本堂课所学知识的掌握程度,同时又可以引发学生思考,训练学生思维能力和语言表达能力,全方位、多角度感受阿基米德的大智大勇。由于此问题并没有固定的答案,学生就可以把自己在阅读中的理解进行个性化的感悟,让课堂充满浓浓的研讨氛围,让思维的火花不断闪现。)

(案例提供者:控江二村小学　季喆婷)

【挑战三】

以下是两位教师在教学课文《跳水》时，针对"船长以要开枪的方法逼小孩跳水"这个场景的理解而设计的问题：

师1：船长看到了什么情况？他有怎样的反应？他想了什么办法？他先是怎样喊的？孩子没听见时他又是怎么喊的？孩子最后怎么做的？船长的方法好吗？

师2：你认为船长想的办法好吗？你如果在场准备用什么方法？这些方法与逼小孩跳水相比如何？这说明了什么？

请你认真阅读并思考：

1. 你认为哪一位教师的问题设计比较恰当？为什么？
2. 请你也试着设计提问，引导学生学习这一环节。

_____

_____

_____

案例示范4（点评）

☞**教学内容：**

夜深了，从一座陈列珍贵字画的博物馆里，突然传出了急促的报警声。警察马上赶来，抓住了一个划破玻璃企图盗窃展品的犯罪嫌疑人。你也许不会相信，报警的不是值夜班的看守，而是被划破的玻璃！这是一种特殊的玻璃，里面有一层极细的金属丝网。金属丝网接通电源，跟自动报警器相连。犯罪嫌疑人划破玻璃，碰着了金属丝网，警报就响起来了。这种玻璃叫"夹丝网防盗玻璃"，博物馆可以采用，银行可以采用，珠宝店可以采用，存放重要图纸、文件的建筑物也可以采用。

——节选自人教版小学语文四年级（第一册）《新型玻璃》

☞ **教学过程:**

......

生:(读)"19课新型玻璃。夜深了,从一座陈列珍贵字画的展览馆里,突然传出了急促的报警声。警察马上赶来,抓住了一个划……划(丢掉"破")玻璃企图盗窃展品(丢掉"的")罪犯。"

师:停下来,这句话再读一遍。眼睛看准,不要慌。(第二遍该生仍然把"破"丢掉了。)

师:再看,"划"后面还有一个字。我想,你第三遍一定会读好的。

生:(读)"抓住了一个划破玻璃——"

师:对了! 请接着读。

(该生接着往下读,再没出错误)

师:很好。后面读得比前面好得多。开始时,我看你不是不会读,而是有些紧张。那么多老师听课,能读成这样很不容易。请坐。

——特级教师于永正执教

(**点赞**:于永正老师的这段课堂评价体现了鼓励性和针对性的原则。"眼睛看准,不要慌。""我想,你第三遍一定会读好的。""很好。后面读得比前面好得多。开始时,我看你不是不会读,而是有些紧张。那么多老师听课,能读成这样很不容易。"简单而朴实的点评,不文过饰非,不言过其实,给予学生真实评价的同时,又满含期待与鼓励,让原本答错题的学生不再紧张,在老师一步步地引导下,收获了成功的喜悦,建立了学习的自信。)

(案例提供者:控江二村小学　季喆婷)

【挑战四】

　　上网看一段特级教师于永正老师的教学实录，说说哪些点评对你有启发？

_____

_____

_____

六、 掌握"精巧规范的板书设计"的基本功

　　板书设计就是对黑板板面书写的设想和规划，包括"板书"和"图示"两方面内容。好的板书能帮助教师实现教学目的，体现教学意图，突出重点难点，形成知识结构，引导学生学习思路，增强教学效果。此外，还能激发学生学习兴趣，集中学生注意力，建立教学信息系统，易于巩固记忆，培养学生思维品质，训练思维能力。

　　板书设计要有明确的目的性，做到书之有用。任何一则好的板书，都是为一定的教学目的服务的。离开了教学目的，板书设计就失去了意义。设计板书，一定要在吃透教材的基础上，本着形式为内容服务的原则，有的放矢地进行设计；板书设计要有较强的针对性，做到书之有据。教师应针对不同教材的文体特点及内容特点、不同课型的特点，从实际出发，因文制宜，因人制宜，因课制宜；板书设计要有高度的概括性，要做到紧扣教材。挑选关键知识点，严格筛选，以简驭繁，以少胜多，利于理解，便于记忆；板书设计要有清晰的条理性，做到书之有序。要揭示出教材内在事理间的逻辑关系，作者的思路脉络，教者的教学意图。所书词语简单，词语间并无关联词，但应做到"言断而意相通"，利于学生的理解和记忆。

　　板书的格式有基本板书和辅助板书。基本板书也叫主板书。它是体现教学目的与教学内容内在联系的重点、难点、中心和关键的板书，它主要体现教学中心和内容，

反映教学内容的结构。主板书是板书的骨架，一般保留于课堂教学的全过程。辅助板书也叫副板书。它是反映教学内容中有关字音、词义和例句的板书，根据课堂教学需要，根据学生反馈随机出现的板书，是对主板书的具体补充或辅助说明，一般可随写随擦或择要保留。板书的格式有主导型和主体型。主导型板书是贯彻主导意图，由教师亲自完成的板书。主体型板书是为体现学生的主体地位，锻炼学生的学习能力，而由学生在教师指导下独立完成的板书。主体型板书打破了板书由教师一手包办、全盘授予的局面，让学生也成为板书的主人，可以调动学生的学习积极性，发挥他们的思维创造、文字书写与表达能力。

　　板书设计要有周密的计划性，做到书之有时。设计时对板书内容出现的先后，内容间的联系和呼应，位置的安排和调整，文字的大小去留，虚实的配合，符号的选用，板书与讲述及其他教学活动的配合等，都要周密计划，力求顺理成章、水到渠成。板书时一般采用侧身书写的姿势，以防遮住学生的视线。板书字体要工整，笔顺要正确，结构要匀称，大小要适宜，要美观大方。板书要行间疏密，字画搭配平衡，板面清洁整齐。书写的速度应略快，与口头语言基本一致，以增强课堂教学的密度与节奏感。

七、掌握"恰当娴熟的媒体使用"的基本功

　　这里的媒体，主要是指教师在教学过程中，用来传递信息、获取信息的工具载体和技术手段，如PPT、教学光盘、交互式白板、手写输入设备等。随着科技的发展，媒体的形式多种多样，使语文教学的手段显得日趋丰富、新颖。在教学过程中使用媒体，为学生的学习和发展提供了丰富多彩的教育环境和便捷直观的教学手段，可以激发学生学习兴趣，拉近学生与文本的距离，突出应知应会的重点和难点。

　　使用媒体可以创设情境，激发学生的学习兴趣。例如《火烧云》一课的教学重点、难点是让学生体会火烧云颜色、形状变化的快、奇，感受大自然之美。如何突破这一重点、难点呢？教师可以引入媒体动画，让学生在多次朗读的基础上通过电脑屏幕观看火烧云的颜色变化：由红通通到金灿灿，到半紫半黄，再到半灰半百合色……而其形状也在悄悄变化着：开始像马，接着变成了狗，狗又变成了狮子……这样，能使学生身

临其境，体会火烧云变化之快之美之神奇，感受到大自然的美丽。

使用媒体能够跨越时空限制，突破教学重点、难点。例如在教学《赵州桥》一课时，教师利用多媒体技术，将与赵州桥有关的图片、历史知识、诵读录音以及重点词语整合到课件中，而学生则利用网络浏览，并通过自己的理解进行信息筛选和重组，形成自己的观点在课堂上畅所欲言。这种开放的学习方式，使学生既可以领略到赵州桥的雄伟、坚固、美观，又可以从历史的源源长河中，领略到我国劳动人民的智慧和才干，深刻理解课文的中心思想。

值得注意的是媒体是教学的辅助工具，是为课堂教学服务的。因此，绝不能喧宾夺主，而应从教学实际需要和课堂效果出发。

八、掌握"和谐宽松的课堂氛围创设"的基本功

课堂氛围是指在课堂教学中教师与学生所呈现的一种心理状态，直接关系到教师的教学效果和学生的学习效率。在教学时，教师作为教学的组织者，课堂氛围如何在一定程度上是由教师决定的，教师的教学理念、教学方式、教学手段等都影响着课堂教学氛围。

创设宽松的教学氛围能激发学习热情，促进智力的发展，引发积极思考，强化认知行为，促使师生双方达到和谐统一。教师通过创设良好的教学氛围，可以改变平铺直叙的刻板式说教，使教学跌宕起伏，错落有致，在学生脑海中形成深刻的印象。同时，良好的教学氛围能密切师生关系，使教与学更加协调，能有效消除学生学习中的紧张心理，达到"亲其师，信其道"的教学效果。

创设和谐的课堂氛围，首先要建立平等、民主的师生关系。教师不仅是学生的师者，更是学生的朋友。课堂不仅是传道授业解惑的场所，也是师生情感沟通与心灵交汇的场所。课堂上，教师与学生是平等的对话者，教师要放下师道尊严的架子，从高高在上的讲台走下来，站在与学生同等的位置上一起来参与教学过程。教学中，教师要用亲和、自然的教态去面对学生，要鼓励学生勇于质疑，敢于挑战，善于发表个人见解，真正体现出教学的平等性与民主性。

创设和谐的课堂氛围,还要注意采用多种多样的教学方式,比如创设悬念、动手实践、小组合作、借助多媒体等。值得注意的是,教师在创设氛围时,既不能游离于所要学的知识,又要与学生的生活实际相联系。如果氛围的创设脱离了要掌握的知识,就失去了意义,也达不到教学的目的;如果氛围的创设不以学生的生活经验为基础,大部分学生都没有经历过或体验过,就很难和老师产生共鸣,更不要说引起学生的兴趣了。另外,课堂气氛活跃高涨之时,学生的情绪处于高昂状态,这就要求教师要控制好课堂气氛和学生的情绪,既不能令气氛活跃到难以控制,也不能过分压制而导致死气沉沉,要注意松紧得当。

九、 掌握"基于课标的作业设计"的基本功

作业是课堂教学的补充和延续,是课内知识的外向扩展。它既是反馈、调控教学过程的实践活动,也是教师在课堂教学之后用以巩固学生知识、培养学生能力的一种手段。职初教师要掌握基于课程标准设计作业的基本功,首先要了解课标对于每个年级的不同要求(详见《语文课程标准》)。只有把握每个年段学生所应达到的教学目标,才能设计好有效的作业内容。语文作业不外乎以下几种:(一)抄写类作业。(二)练习类作业。(三)阅读类作业。(四)写作类作业。其中,阅读类作业和写作类作业具有较强的综合性。阅读类作业训练学生提取信息、形成解释、整体感知的能力。这类作业具有较强的灵活性和开放性。写作类作业训练学生能围绕给定的话题介绍事物或记述事情,通顺连贯地表情达意。一、二年级以口头作业为主。三—五年级则是口头作业和书面作业相结合。

作业设计要遵循"适量、适度、开放、有趣"的原则。一、二年级要求不留书面回家作业,因此,教师应充分利用课内时间,让学生读读写写,巩固知识;中高年级,教师也要提高课堂效率,有些作业可在课内完成,需要课后完成的,也要在课堂内讲清,以减轻学生回家作业的量和难度。根据学生的差异还可分层布置作业,让学生在原有的基础上进行听、说、读、写的训练后得到语文能力的提升。

作业的设计形式和方法是多种多样的,在新课标下,教师更应敢于创新,用内容丰

富、形式多样、充满情趣的开放性作业拓宽语文学习途径，使学生在广阔的时空中学语文、用语文，在玩中学、在实践中学、在生活中学，拓宽视野，丰富知识，发展能力，如表演化作业、想象化作业、实践化作业、动手化作业。例如，以"遨游汉字王国"、"轻叩诗歌的大门"为主题完成手抄报的作业，学生合作搜集资料、筛选素材、剪裁纸张、进行排版、美术设计、誊写、插图修饰等。一份份新颖的报纸体现了学生的动手能力和创新意识，成为学生展示自我的平台。

十、 案例示范及技能演练

案例示范 5（板书设计）

10. 我不是最弱小的

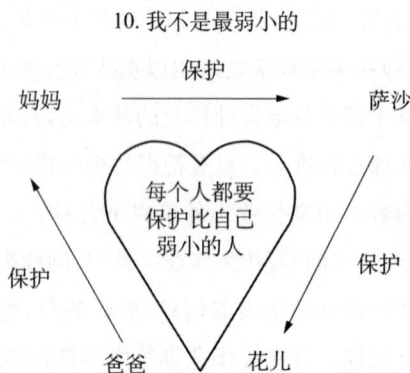

——沪教版小学语文三年级《我不是最弱小的》

（**点赞**：《我不是最弱小的》是沪教版小学语文三年级（第二册）的一篇课文，讲述了在一个假日，萨莎一家人到森林中游玩。突然下起了大雨，父亲把雨衣让给了妈妈，妈妈又将雨衣让给了最幼小的萨莎。在家人的影响下，萨莎又将雨衣盖在了娇嫩纤弱的蔷薇花下。展示了萨莎一家人自觉保护弱小者的高尚行为。板书图与文结合，不仅理清了文章中出现的人物、故事的脉络，还突出了全文的主旨——"爱"。同时教师还能利用板书，让学生进行简单的课文内容的概括，降低了学习的难度，激发了学生学习的兴趣。板书设计的目的性、针对性、概括性、条理性都得到了充分的体现,使板书真正为达成教学目标、促进学生语言发展服务。

(案例提供者:控江二村小学　翟　岗)

【挑战六】

为《桂林山水》(沪教版小学语文五年级(第一册))设计板书。

案例示范 6(媒体使用)

☞ **教学内容:**

四名队员从"突击营地"向峰顶进发。经过 5 个小时的拼搏,他们终于来到被外国探险家认为"不可逾越"的"第二台阶"。这儿的岩壁又陡又滑,连一点儿可攀援的地方也没有。他们双手抠住岩缝,脚尖蹬着岩面,使出全身力气向上爬。但是,没上几步又滑落下来。刘连满看到这个情景,立即蹲下身子,斩钉截铁地说:"快,踩着我的双肩上!"队员们犹豫了。眼下空气十分稀薄,站着不动都感到喘不过气来,怎么能顶得起一个人呢?可是又没有别的办法,队员们只好眼里噙着泪花,一个跟着一个,踩着他的双肩,攀上了绝壁。

——选自沪教版小学语文三年级(第二册)《攀登世界第一高峰》

☞ **教学过程:**

师:读读这段话,你有问题吗?

生1：什么是"第二台阶"？

生2：课文里的"台阶"是真的吗？

生3：为何称"第二"呢？

生4：外国探险家为何认为它"不可逾越"？……

师："第二台阶"到底在珠穆朗玛峰的哪一段，很多同学都搞不明白，我们来看这份资料：

（多媒体显示简图）

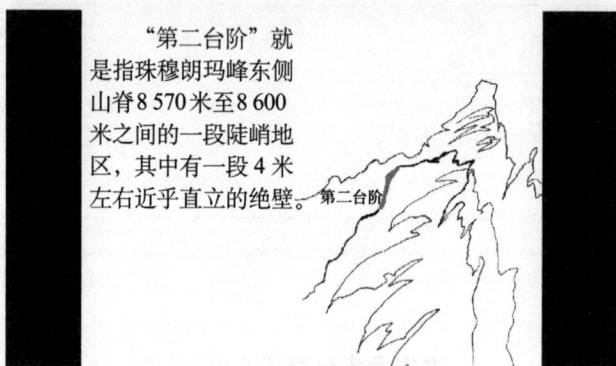

"第二台阶"就是指珠穆朗玛峰东侧山脊8 570米至8 600米之间的一段陡峭地区，其中有一段4米左右近乎直立的绝壁。第二台阶

（生观看）

师：我们一起来读一读。

（生齐读，教师解图）

师：刚才提出的问题，现在能解答了吗？用自己的话说一说。

（生交流）

……

（**点赞**：学生对《攀登世界第一高峰》中的"第二台阶"产生了各种疑问。教师适时地引入媒体，用文字与图示相结合的方法，填补学生认知的空白点，直观、形象，变难为易，更好地帮助学生理解"第二台阶"、"不可逾越"等词语的意思，拉近了学生与文本之间的距离，帮助学生更加真切地感受登山运动员在攀爬时的艰辛。）

（案例提供者：控江二村小学　顾　昕）

【挑战七】

撰写一个使用媒体凸显教学效果的片段。

_____

_____

_____

案例示范7（氛围创设）

☞ **教学内容：**

我看见过波澜壮阔的大海，欣赏过水平如镜的西湖，却从没看见过漓江这样的水。漓江的水真静啊，静得让你感觉不到它在流动；漓江的水真清啊，清得可以看见江底的沙石；漓江的水真绿啊，绿得仿佛是一块无瑕的翡翠。船桨激起的微波，扩散出一道道水纹，才让你感觉到船在前进，岸在后移。

——节选自沪教版小学语文五年级（第一册）《桂林山水》

☞ **教学过程：**

......

师：书上说漓江的水静得让你不知它在流动，漓江的水清得连沙石都看得见，这是一个怎样的情景呢？现在我们就来一次遐想旅行，我们从南宁坐上火车，九个小时后就到桂林了。

江边有只小船在等我们。我们坐上这只小船荡舟漓江，观赏着漓江的水。现在你们眯着眼，看着漓江的水，想想它怎么静、怎么绿。（师哼唱《让我们荡起双桨》的曲子）你们感觉到怎样？

生：我好像听到漓江的水哗哗响。

生：我觉得漓江的水很清。

生：我觉得只听到划桨的声音。

生：漓江的水真清，一座座山的倒影都映在水中。

师：漓江的水不光静，不光清，还很绿。你们看这句："绿得像无瑕的翡翠，""翡"字上面是什么字，下面是什么字？

生：上面是"非"字，下面是"羽"字。

师：翡翠是什么？

生：是玉石。

师：预习得好。是玉石。这种玉石是很绿的。玉石上面如果有一个斑，那叫什么？

生：瑕。

师：漓江的水像一块玉石，无斑斑点点的叫什么？

生：无瑕的翡翠。

师：像无瑕的翡翠，漓江的水就这么美。现在请女同学念，大家体会这种感情。

（女生齐读课文）。

师：现在，李老师另外念几句写漓江水的句子，意思和书上的一样，只是说法不同。你们比比看，有什么不同，哪种说法好。

漓江的水真静啊，静得你感觉不到它在流动。

漓江的水也很清，连江底的沙石也可以看见。

这里的江水又绿，绿得像无瑕的翡翠。

这样写美不美？为什么？

生：书上用排比句的写法，还用了感叹句。

师：书上用了排比句，什么是排比句？书上把写漓江水美的意思的内容，排成一串句子，这些句子的结构是差不多的。这样可以加强语势，给我们很深的印象，这就是排比句。运用排比句的写法，就把这种又静又清的气势写出来了。请大家齐读，把这种气势念出来。

（生齐读）

……

——特级教师李吉林执教

（**点赞**：李吉林老师以鲜明的形象强化学生感知教材的真切感，以真切的感情调动学生参与认识活动的主动性,以广远的意境激发学生拓展课文的想象力,成功地营造出了和谐、开放、民主的课堂氛围。从以上片段中,我们可以发现,李吉林老师运用遐想旅游、哼唱乐曲、有意改变排比句式等方式创设情境,引导学生仔细观察,用心感悟,主动体会,形成自己对文本的理解,并通过朗读表现出来,体味文中所描写的意境,理解漓江的水"静、清、绿"的特点。)

（案例提供者：控江二村小学 顾 昕）

【挑战八】

　　为《音乐之都维也纳》(沪教版小学语文四年级(第二学期))设计课堂情境,创设氛围,让学生有身临其境的感觉。

_____

_____

_____

案例示范8(作业设计)

☞ **教学内容：**

　　冬天,他自己浇了一个小冰场,踩上跷,在冰场上跑。那光滑的冰面,不要说踩着跷,就是在上面走路,也难免要摔跤。梅兰芳身上经常被摔得青一块紫一块。每次跌倒,他都立即爬起来,继续练。吴先生看见后,劝他休息几天。梅兰芳说:"先生,您不是常说,练功练功,一日不练三日空吗?"吴先生听后不住地点头。

　　　　　　　　——节选自沪教版小学语文三年级(第一册)《梅兰芳练功》

☞ **作业设计：**

　　训练一：仿照例句,把下面的句子续写完整。

　　例：梅兰芳为了练出过硬的功夫,<u>硬是咬着牙坚持着,连腿都站肿了</u>。

梅兰芳为了使自己的跷功更上一层楼，_____。

（提示：可选择第七小节中的两层内容或三层内容，仿照例句续写句子。）

1. 选用第一、第二层的内容。

_____

2. 选用第一、第三层的内容。

_____

3. 选用第一、二、三层内容。

_____

训练二：学习用这个句式来写写你自己或你熟悉的人。

（　　）为了（　　　　），硬是（　　　　）连（　　　　）。

（谁）　　（干什么）　　（怎么做）　　（什么也怎么样了）

——特级教师储竞执教

（**点赞**：句式训练是三年级语文教学中一个重要训练内容。在"训练一"中，教师充分利用教材的课后练习，培养了学生灵活运用文本中的语句进行说话写话的能力。教师还注意关注学生差异性，设计了多层次的作业，并提示学生思考路径，由易到难，从扶到放，从凭借教材内容到从生活中找素材，让学生举一反三，以达到巩固知识的目的。在"训练二"中，教师给了学生拓展的空间，让学生运用所学的句式，写写自己或自己所熟悉的人。）

（案例提供者：控江二村小学　方美霞）

【挑战九】

请根据下列课文片段，设计作业：

课文内容：

扁鹊行医来到虢国都城。街上，行人议论纷纷。原来，虢国太子不知什么原因，一向好好地，突然间就死了。

扁鹊心中纳闷【mèn】，忙赶到宫门口，问侍卫官：

"太子得了什么病?"

"太子只说胸口闷,后来就死了。"

"死了多久?"

"早上鸡叫的时候。"

"入棺了?"

"从死到现在,还没过半天,哪就入棺了呢?"侍卫官有点不耐烦。

扁鹊松了一口气,说:"烦你通报一声,就说我是秦越人,能使太子死而复生。"

　　　　　　　　　——节选自沪教版小学语文三年级(第二册)《起死回生》

作业设计:

_____

_____

_____

第四课

阅读教学的课例研读及实践

本课培训内容：了解低、中、高各年段阅读教学的目标；研读教学案例，初步掌握阅读教学的基本课型；进行阅读教学的实践，自我检测阅读教学能力。

根据课标精神，我们知道一、二年级阅读教学以识字为重点，从二年级下学期开始，由识字向阅读过渡。三年级以上，识字教学基本以学生的自主识字为主，教师教学的重心转向阅读指导，根据课标分年段要求，教会学生语文知识、阅读方法，培养学生听、说、读、写的能力（详见《基于课程标准的语文教学初阶（设计篇）P4—P10》）。因此，在阅读教学中，各年段教学的侧重点是不同的。我们在本单元中为大家介绍低、中、高各年段阅读教学的基本框架，提供一些教学案例给大家研读；此外，我们还设计了技能演练实践活动，让大家在实践中初步掌握各年级阅读教学的基本课型结构。

一、 低年级阅读教学的课例研读与实践

低年级的阅读课文篇幅较短，文字浅显，富有趣味，题材丰富，为识记字词提供了丰富的语言环境。《语文课程标准》中提出到二年级结束时，学生应能正确拼读汉语拼音，能借助汉语拼音认读汉字；会查阅字典，有独立识字的能力。能认识 2 000 个左右的常用汉字，有主动识字的愿望；会写 1 000 个汉字，有良好的书写习惯。因此，低年级的教学重点是在阅读中识字，在语言环境中识字。

要让学生在课堂上自主识字，学习用不同的方法识记生字。在字词教学时，可以

在课题中识字、随文识字、集中识字等。教学时要做到分批出现，分步落实，各有侧重（详见《初阶（设计篇）》）。课堂中，还要留有写字指导的时间，让学生当堂书写。因此，在一节阅读课中，要保证足够的时间进行字词教学。其中包括学生在课堂上的自主识字，教师对重点字音字形的提示及写字指导。年级越低，识字教学占课堂教学总体时间越长，刚入学时，几乎占据了整个三十五分钟的时间，随着学生识字方法的掌握，识字能力的提高，再逐渐减少识字教学时间。

课标中还要求到二年级结束时，学生能认读并了解课文内容，在阅读过程中养成良好的阅读习惯；能结合语言环境理解词义、句义；能理解课文所蕴含的道理，有自己的感受；能发现并提出问题；能写几句连贯的句子。可见，字词的理解和句式的训练是低年级阅读教学的另一个重要任务。在学会生字新词的基础上进行阅读指导，通过各种方式读通课文，大致了解课文的主要内容，并适当进行句式训练，为中、高年级的阅读、写作打下基础。因此，低年级的课堂一定是书声琅琅的，在课堂上，教师要留有充裕的时间让学生读。首先，是读正确，要做到不加字、不漏字；其次，是读流利，注意句子中关键词语重音和长句中的停顿。在正确流利的基础上，读懂课文内容。句式训练可以和字词教学相结合，也可以和朗读指导相结合。此外，在阅读教学中培养良好的习惯也是我们要关注的重要内容，如：认真倾听，大胆发表自己的意见；积极思考，大胆提出自己的问题等。

低年级一篇课文一般安排两课时，第一课时可安排激趣导入、初步感知、自主识字、再读课文、巩固书写五个环节。第二课时可安排复习巩固、精读课文、积累拓展、巩固书写、作业布置五个环节。当然可根据教学的实际增减或调整各个环节。下面，说说各课时各环节的教学方法：

（一）第一课时主要环节说明

1. 激趣导入：此环节要创设情境引入新课，激发学生的学习兴趣，可以采用谈话导入、猜谜导入、看图导入、讲故事导入、听音乐导入、操作演示导入、表演导入等方法。

2. 初步感知：在一年级刚开始学习时，学生的识字量少，可以多采用听后感知，培养学生认真听的好习惯。听时要求听准字音；当学生已经掌握了汉语拼音，能够借助拼音读课文时，可以采用听后感知或读后感知；当学生识字量增加，具备了一定的朗读能力时，可以多采用读后感知的方法。在初步感知课文时，要引导学生整体把握课文内容。如：通过刚才的朗读，你知道了什么？用自己的话说说课文主要讲了什么？读了课文，你有什么问题？在这个环节中能顺势出现一些生字让学生识记。

3. 自主识字：这个环节可采用两种方法，一是全课生字分批出示，分步学习。有随课题识字，随课文主要内容识字，随重点句子或段落识字，随板书识字等。二是课文生字全部出示。学生自主识记，再汇报交流，然后，回到文中相应语境中理解词义，结合实际组词说话运用。学习生字时，避免脱离语境孤立地拼读、分析，而应随文随境读准字音，记住字形，理解字义。值得注意的是生字的音、形、义的教学要有侧重，不能平均使用力量。识字过程中可以结合文本进行字词运用训练。

4. 再读课文：此环节可以分为自读课文和反馈正音两个步骤。自读课文时，要在识字的基础上，引导学生自由轻声朗读，也可创设情境，激发学生读书的强烈愿望。在自读前可提出要求：(1)边读课文边画出生字。(2)不认识的字借助拼音读准，有困难可问老师、同学。反馈正音时，可采用"开火车"，一人读一句、一节、一个部分，或读给同桌听，或互相正音等形式。此步骤可以帮助学生进一步巩固识字，并将课文读正确、读流利。读正确包括：读准每个字的字音(生字的字音、轻声、儿化和变调)；不漏字，不添字，不颠倒，不重复读字句；要读出句中、句间以及自然段之间的停顿。个别学生在朗读时，要引导其他学生认真听，对于读错处要及时纠正。

5. 巩固书写：巩固字词时，可采用看卡片认读、组词；同桌摆字卡提问；组织巩固识字游戏；出示创编的语段，在语段中巩固识字。指导书写环节要以学生为主体，引导学生观察、发现汉字的结构特点，总结书写要领。写字指导后及时反馈，及时评价，巩固练习。具体可参照如下步骤：在田字格中出示要写的字，学生认读；学生自主观察发现字的书写规则、结构特点等；强调关键笔画的位置；教师范写，学生仔细观察；学生练写；学生写字反馈，师生评价，对难点作进一步强调指导；学生再练写。如果要识的字同时要求会写，也可以在识字教学的同时指导写字，把识字、写字整合起来。

(二) 第二课时主要环节说明

1. 复习巩固：通过复习，巩固字词，回顾课文内容。复习可采用"开小火车"朗读生字卡片，或请个别学生带读字词的方法读准字音；通过用词说话、做动作、表演、找近义词(反义词)的方法巩固词义的理解。还可让学生动动笔,听写字词或含有生字词的句子。朗读课文、回顾主要内容也是这个环节必须安排的内容。此外,还可让学生复习上节课学到的识字方法。

2. 精读课文:精读课文环节除了再现生字,继续巩固之外,要引导学生读懂内容,读出文中不同人物的语气,读出人物的感情。随着年级的升高,朗读的要求也逐渐提升。一年级的朗读任务主要是能够借助汉语拼音把课文读正确、读流利。做到不唱读、不漏字、不加字。通过指名读或"开火车"读,分清句和小节。通过分角色读,分清文中人物所说的话。二年级学生要在读正确、流利的基础上,读出语气,读出感情,读好长句间的停顿,不读破句,读好句间、自然段间的停顿。针对长句、难读的句子,教师可范读指导。课堂上可用的朗读方式多种多样,如:范读、自读、指名读、分组读、分男女生读、分角色读、表演读、小组合作读、齐读等,教师要根据教学需要选择恰当的方式。对于内容的理解,低年级的课文篇幅短小,浅显易懂,且阅读要求也只是了解。因此,低年级语文教师一定要把握好年段目标,不能肆意拔高要求,对课文内容不必过多讲解、分析,而是采用"以读为本,读中感悟"的策略。此环节中还应穿插识字教学,具体操作要求同第一课时"自主识字"环节。

3. 积累拓展:此环节可引导学生积累背诵文中的好词好句,并加以运用,鼓励学生把所积累的词语运用于口头和书面表达中。一年级表达训练着眼于一句话的练习,引导学生按句式把一句话说完整、说通顺。二年级可以进行造句,仿说训练等。训练的内容有以下几种:背诵重点句或重点段;学讲故事;角色表演;仿照课文中的句子或段落,续编儿歌或故事。这个环节的训练要和"精读课文"环节有机结合,读中体悟句式,读中找寻规律,便于低年级孩子学习、运用语言。

4. 巩固书写:因低年级的生字需分批学习,整篇课文的生字教学可分两课时完成,此环节操作模式可参照第一课时中的"巩固书写"环节。

5. 作业布置:低年级要求无书面回家作业,可适当布置些口头作业。如:读生字、组词、书空(写字表中的汉字);读词语表中的词语或词语卡片上的词语;和家长合作分角色读课文;把故事讲给家长听;和家长一起演故事、编故事等。

下面提供两篇课堂教学实录,让大家更直观地了解课堂教学环节。这两节课在字词

教学中很有特色,重点可以关注词语的理解和运用以及抓关键词语理解重点句等方面:

案例示范 1

☞**教学内容:**

水 上 飞 机

在茫茫的大海上,小海鸥发现了一条奇怪的大船:白色船体的两边长了一对大翅膀。小海鸥想:"客轮、货轮,什么样的船我都见过,可就是没见过这种长翅膀的船。"他飞了过去,想问个究竟。

"喂,船大哥,你好哇!"

"你好! 我不是船,我是水上飞机。"

"飞机? 你怎么掉到海里去啦?"小海鸥吃了一惊。

水上飞机笑了:"不,我是降落在这里的。我是海上救护机,可以迅速救援海上遇难的船只。"

小海鸥听了,挺佩服他的本领。

水上飞机接着说:"我还有很多兄弟,有的可以给航行中的船只输送物资;有的能从海中汲水,去扑灭森林的大火;还有的可以随时从海上起飞,去参加战斗⋯⋯"

他们正谈得高兴,海上的风浪突然大了起来。水上飞机的机舱里响起了求救警报。"对不起,东南海面有渔船遇险,我得马上出发,前去救援!"他告别了小海鸥,便迅速地滑行起来,机身的两旁随即溅起了雪白的浪花。水上飞机渐渐地离开海面,向遥远的天边飞去。

——选自沪教版小学语文二年级(第一册)《水上飞机》

☞**教学过程:**

第一课时

师:今天学一篇课文,看老师写课题。(板书课题:水上飞机)

(生齐读)

师:谁能读读写这种飞机特点的句子?

（师指名读）

师：怎么读能把这种飞机和其他飞机的不同读出来？

（师指名读，生齐读）

师：在你第一次读到这个题目时，你是怎么想的？

生：水上怎么可能有飞机呢？

生：哎，飞机为什么到水上去呢？

师：读了课文后，答案找到了吗？　会读生字的举手，都认识的举手，既然都认识，我检查一下，先写一个，看好。（板书：茫）

（师指名读，生齐读）

师：写两个，注意看。（板书：货、资）

（师指名读）

师：大声读，读得再自信点！

（生齐读，师指名读）

师：还可以组什么词？

（生小组组词，读"资料、资源"）

师：书上怎么说？

生：物资。

师：一会儿工夫认了三个字，这个字最难认。（板书：汲）

（生齐读"汲"）

师：（板书：水）

（生齐读"汲水"）

师：什么叫汲水？　就是把井里的水打上来，这里指把海里的水吸上来。

（师指名生读，生齐读生字）

师：读课文有个要求，眼到、心到、口到，通过朗读把你心里的想法读出来。读书要慢一点。

（生自由读）

师：谁愿站起来读第一自然段？

（师指名读，师纠正读错的内容）

师：读书要眼到、心到、口到，要想想它的意思，谁能把第一段的意思读出来？

师：请你来读，一看你的表情就知道你读得好。

（师指名读）

师：听他这一读，老师就好像看到了无边无际的大海。大家再一起读一遍。

（生齐读）

（师范读，指导读出"奇怪"的感觉）

师：好，真带劲。不要急于举手，要静下心来思考，该读的读，该想的想。接下来要想小海鸥的心情，它怎么想？谁站起来读，响一点。

（师指名学生读）

师：读得非常正确，也比较流利，但是我刚才说了，要体会它的心情。你看，小海鸥在说呢：不要担心，不要着急。再读，把它的心情读出来。

（师指名读）

……

（**点赞**：这个环节集中教学了四个生字，字音、字形让学生自己识记，城市里长大的学生不了解的"汲水"一词词义，教师就直接告诉了学生，提高了课堂的有效性。朗读课文时，教师鼓励学生读正确、读通顺，把第一段的意思读出来。）

第二课时

师：你知道水上飞机有哪些作用？用一句话来说。

生：水上飞机作用很大。

师：改一个字。

生：水上飞机的作用很多，有的可以救援，有的可以帮助海上船只输送物资。

师：他会说话，第一次说很大，第二次说很多，多比大准确，会说话。

师：谁能告诉我，水上飞机的作用？

生：有的能……有的能……还有的能……

师：你们通过这一课的学习，知道还有哪些水上飞机？

生：水上飞机的兄弟很多，有战斗机，有灭火机，还有……

师：收获很大，大家看第三题。（多媒体显示词语）读一读，并用带点的词语造句。

（救援　输送　物资　渐渐地）

师：谁能用"渐渐地"来造句呢？想好了再举手。

师：（板画小草）春天来了，怎么样？

生1：春天到了，小草渐渐地长出来了。

生2：秋天到了，小草渐渐地枯萎了。

师：（板画：地平线、山）在你的想象中，这是什么？

生：初升的太阳；落日。

师：有没有别的东西吗？

生：月亮。

师：既然这样，发挥你的想象，用上"渐渐地"这个词，说一句话。

生1：早上，太阳渐渐地升起来了。

生2：晚上，月亮渐渐地从山坡上升了起来。

师：这个小朋友叫小明，他一年级转来，学习成绩不好，现在三年级了，成绩好了。谁能用上"渐渐地"这个词。想好再回答。

生：小明自从转到我们育才小学来，成绩渐渐地提高了。

师：谁能自己用"渐渐地"说一句话。

（生交流）

师："究竟"这个词怎么造句呢？同学们读读课文中带"究竟"的句子。想想"究竟"是什么意思？

生：想问个明白。

师：真会动脑筋！"究竟"在这儿就是想问个结果。（师板书：问个究竟）

师：在你们的生活中，有没有想问个明白、问个究竟的事情？

生1：今天，我的一道数学题做错了，我想问个究竟。

生2：猿猴到底是什么，我想到老师那儿问个究竟。

师：你是到现在为止说得最好的一个！生活中你有没有想看个究竟的事？

生1：母鸡是怎么孵出小鸡的，我想看个究竟。

生2：妈妈有"百宝箱"，我想看个究竟。

师：句子可以改一个字，想想怎么改？到底是怎么回事呢？（板书：探）

生：这个山洞里到底住着谁，我想探个究竟。

师：（多媒体显示词语：究竟）每年春天，究竟有多少人来到扬州旅游，我也说不清。表示疑问，谁能根据表示疑问的"究竟"，来说句子？

生：宇宙上究竟有多少颗星星，谁也说不清。

师：出个难题，你们听说过外星人吗？听说过恐龙吗？以"外星人"为话题，或以"恐龙"为话题，用上两个"究竟"，想好，自己练一练。

生1：宇宙中究竟有没有外星人，我长大后要探个究竟。

生2：我想知道，外星球上究竟有没有外星人。

生3：我想知道，恐龙究竟是怎么灭亡的。

师：到目前为止，他说得最好！一个"究竟"是"到底"，另一个"究竟"表示疑问。课后我们要用上两个"究竟"写话。

——特级教师于永正执教

（**点赞**：这是于永正老师教学的《水上飞机》一课。课堂教学分为两课时，第一课时以字词教学和读通课文为主要教学内容，第二课时以读懂课文，了解水上飞机的作用及词语的理解运用为重点。课堂上，教师十分重视课文的朗读，第一课时花了大量的时间，通过教师示范读、指名读、分男女生读、比读等各种形式让学生读好课文。教师对字词的准确运用也十分注重。"大"改"多"，"看"改"探"，一字之差，句意更为确切，可见，细节处见功力。

指导用"渐渐地"造句，教师先用简笔画勾勒出形象的物体，让学生言之有物。随后，又创设了情景，让学生对"渐渐地"有了更深入的认识，再让学生自己造句，做到了层层铺垫。

于老师在对"究竟"一词的理解运用上，独具匠心，给我们很多启迪。于老师能根据课文，选择恰当的训练点和突破点，不断拓展，引导学生逐渐学会表达。"究竟"这个词是多义词，放在句子中间和结尾，意思是不一样的。要学生来造句，是有一定难度的。于老师十分巧妙地解决了这个问题。他先引导学生理解"究竟"这个词的意思,再让学生模仿课文中的句式造句,随后,他紧紧抓住了这个训练点,进行了拓展训练。于老师让孩子将句中的"问",分别换成"看"和"探"来尝试造句,在潜移默化中教会了学生"究竟"一词可与"问、探"等不同的动词搭配运用,避免语言上的重复,使句子表达起来更生动,更精彩。在此基础上,于老师又提高了难度,让学生用上两个"究竟"来造句。正是有了前面的系列铺垫,此时的训练更彰显了知识的融会贯通。)

（案例提供者：建设小学　张俊怡）

案例示范 2

☞ **教学内容:**

只有一个儿子

三个妈妈在井边打水,一个白胡子老爷爷坐在一块石头上歇着。

一个妈妈说:"我那个儿子又伶俐又有力气,谁都比不过他。"

第二个妈妈说:"我那个儿子唱起歌来赛过黄莺,谁都没有他那样好的嗓子。"

第三个妈妈呢,什么也没说。

那两个妈妈问她:"你怎么不说说你的儿子啊?"

第三个妈妈说:"有什么可讲的,他没什么特别的地方。"

三个妈妈打了水,拎着水桶回家去。那个老爷爷跟在后面慢慢地走着。一桶水可重啦! 三个妈妈走走停停,手都拎痛了,水直晃荡,腰也快要折断了。

这时,迎面跑来了三个孩子。

第一个孩子只顾自己翻跟头,像车轮子在转。他看也不看妈妈一眼。

第二个孩子只顾自己唱歌,像只小黄莺。他也不看妈妈一眼。

第三个孩子跑到妈妈跟前,接过妈妈手里沉甸甸的水桶,提走了。

三个妈妈问老爷爷:"看见了吧,这就是我们的儿子,怎么样啊?"

"哦? 有三个儿子? 他们都在哪里呀?"老爷爷说,"我只看见了一个儿子啊"。

——选自沪教版小学语文二年级(第二册)《只有一个儿子》

☞ **教学过程：**

（课前交流与指导：上课眼睛看老师，坐端正，准备好书与铅笔）

师：我们开始上课了。今天上课的课题，老师已经写在黑板上了，哪一位小朋友会读？

生：只有一个儿子。

师：声音要响亮才能够读好。

生（声音洪亮）：只有一个儿子。

师：真好，真响亮啊！

师：同学们注意，这个"儿子"的"子"其实是轻声。刚才一句谁读的？再读。

生（注意轻声）：只有一个儿子。

师：听到了吗？读出轻声来了。再请一位来读。

（师指名第三位学生读）

生：只有一个儿子。

师：你们看，这个"儿子"是唯一的、独一无二的，突出这个"儿子"的唯一、独一无二，谁能来读？

生（"一个"读重音）：只有一个儿子。

（师指导几位学生读好课题）

师：课题会读了。请同学们看一下你们今天上课的教材。刚才上台以后同学们在读课文，老师听了，大家读得很好，说明同学们回去自学得很充分，应该说已经做到了不加字、不漏字、不读错字。请同学们按照这个要求，再读一次能不能做到？

生（全体学生，声音洪亮）：能。

师：能做到我再加一个要求好不好？

生（全体学生，声音洪亮）：好。

师：你们在读了以后考虑一下：这一篇课文中一共写了几个人物？开始。

（学生自由读）

师：读好了以后坐端正。

（有学生继续在读）

师：好的，坚持将它读完了，读好就坐得端端正正的。请同学们在每一个小节的前面标好小节号，会吗？

生（全体学生，声音洪亮）：会。

（师巡视）

师：标好了吗？坐端正。还有三位抓紧。

师：好，同学们，两个小拳头，（师两手握拳高举头顶），这只手表示十位（师指左手），这只手表示个位（师指右手），几个小节啊？

生：13个小节。

（师用手指表示）

师：手放下来。刚才同学们读课文真做到了不加字、不漏字、不读错字。大家朗读的情况等一下我们在进一步学习课文的时候老师再讲。刚才在读课文的时候，你们思考老师的问题了吗？文章一共写了几个人物啊？

生（齐声地）：7个人物。

（师指名说）

生：文章一共写了7个人物。

师：是……

生：三个妈妈、三个儿子和一个老爷爷。

师：好，同学们看黑板。（师将三个妈妈、三个儿子和一个老爷爷的头像贴在黑板上）

师：谁能连起来说一说？

生：这篇课文一共写了7个人物，他们是……三个妈妈、三个儿子和一个白胡子老爷爷。

（师指名三人说）

师：好，那么这样你会说吗？先说三个儿子、三个妈妈、一个白胡子老爷爷，最后再说课文一共有……谁会说？动脑筋了。

（师指导学生把话说清楚）

生：这篇课文写了三个儿子、三个妈妈和一个老爷爷共7个人物。

师：好了，这样放到后面去也能说了，是不是啊？好聪明的小朋友啊！

师：读了刚才的课题，看了老师贴的图片，你们觉得有问题吗？你说说看。

生：为什么课题里面只有一个儿子，然而黑板上有三个儿子？

师：还想提一提问题的有吗？你也会提，你来说说看。

生：课题里说"只有一个儿子"，但是图片上有三个儿子，这样不是自相矛盾了吗？

师：好，这不是自相矛盾了吗？这个小朋友聪明。他提问题是有方法的，他发现了矛盾，提出了问题。

师：好，既然是发现了矛盾，提出了问题，而且围绕着"儿子"，那么接下来我们就从"儿子"入手，想办法一起来解决这个问题好不好？

生（齐声地）：好。

师：好，同学们看一看课文的第2—6小节，请你用横线划出文章当中直接写妈妈说儿子的句子，用横线划下来，然后，自己读一读。开始。

（生读、划句子，师巡视并适时评价、表扬）

师：好，都读好了。第一个妈妈是怎么说自己儿子的？我们找一位女同学来读。你来读。

生：第一个妈妈说："我那个儿子又伶俐又有力气，谁都比不过他。"

师："谁都比不过他"。再读一次。

生：我那个儿子又伶俐又有力气，谁都比不过他。

师：如果你就是这个儿子的妈妈，你想想看你该怎么读？（师指导学生读出重音）

生：我那个儿子又伶俐又有力气，谁都比不过他（语气加重）。

师：同学们看，"谁都比不过他"。她强调了。你为什么要强调啊？

生：因为要显出自己的儿子都比他们的儿子好。

师：自己的儿子多好啊，高兴、自豪，是不是这样啊？好，请坐。妈妈用这个语气说自己的儿子，高兴、自豪的，谁会读？

（师指名三人读句子，及时指导）

师：再想一想，老师在第一个儿子下面写什么就能把他的特点写出来？

生：有力气。

师：好！（板书：有力气）

师：还有吗？

生：又伶俐。

师：伶俐要写上，好的。（板书：伶俐）

师："伶俐"就是……聪明。不仅聪明，还很活跃、活泼。知道吗？这就是第一个儿子。那第二个儿子的妈妈怎么说？语气和第一个妈妈说儿子的时候一样吗？

生：一样。

生：不一样。

师：到底一样还是不一样啊？

生（齐声地）：一样。

师：好，我请这个女同学来读读。

生：我那个儿子唱起歌来赛过黄莺，谁都没有他那样好的嗓子。

师：听到了吗？"谁都没有他那样好的嗓子"。读得多好，还有哪位同学能作为妈妈来夸夸自己的儿子啊？你来。

生：第二个妈妈说："我那个儿子唱起歌来赛过黄莺，谁都没有他那样好的嗓子。"

师："谁都没有他那样好的嗓子"。（师范读）你来。

生：我那个儿子唱起歌来赛过黄莺，谁都没有他那样好的嗓子。

师：好，这句话写了什么？

生：唱歌好。

师：怎么好？

生：赛过黄莺。

师：好，这儿写"唱歌"，我们也组成五个字好吗？写什么？

生：赛黄莺。

（板书：唱歌　赛黄莺）

师：第三个妈妈怎么说的？你上来。

师：请她读一读第三个妈妈要说自己儿子的话，注意她的神态、脸部表情，听她朗读的声音，准备。第三个妈妈说……

生：有什么可讲的，他没什么特别的地方。

师：真好，老师也来读一读，同学们请看，我和她的表情和其他妈妈说时是否一样？

师：有什么可讲的，他没什么特别的地方。

生（齐声地）：不一样。

师：不一样，不一样在哪里？

生：她是唉声叹气的语气，断断续续地。

生：当中有标点符号，标点符号要停顿的。

师：聪明的小朋友还能够发现一些东西。

生：你的语音语调有轻重。

师：有轻重，显得那么地亲切，她把对儿子的这份爱藏在心里，有什么可讲的，他没什么特别的地方，显得那么地谦虚。是不是谦虚啊？有的妈妈把对儿子的爱表现出来，而有的妈妈却把对儿子的爱深深地藏在心里。那么在这儿，第三个儿子下面老师写……（板书：没什么特别）

师：三个儿子都是好孩子，但课题"只有一个儿子"，问题解决了吗？

生（齐声地）：没解决。

师：我们随着文章故事情节的深入发展学下去。你们看，"三个妈妈打了水，拎着水桶"……有这句话吗？有，我们一起来读读。

生（齐声地）：三个妈妈打了水，拎着水桶回家去。

师：这里有一个生字（板书：拎），谁会读？到现在没有请到过的小朋友有吗？

生：这个字读"līn"。

师：就读"līn"。

（师指名读）

师："拎"字是前鼻音，同学们看好，这个字没有提手旁读什么？līng，而且和其他许多偏旁放在一起都读后鼻音的，而偏偏和提手旁放在一起时读前鼻音，一起读。

生（齐声地）：līng

师：不对。（指名读，男同学读）好，知道了，会读了。带"拎"字的这个句子会读吗？强调这个"拎"会读吗？女同学一起来读读。"三个妈妈打了水"……预备读。

生（齐声地）：三个妈妈打了水，拎着水桶回家去。

师：强调这个"拎"，大家一起读。预备起。

生（齐声地）：三个妈妈打了水，拎着水桶回家去。

师：好，带生词的句子也会读了，那我们再看一下，这个字在写的时候要注意哪些？第三笔和第四笔千万不能打架了。就这个"拎"字，在书上的田字格中写一遍。（师巡视、指导、表扬）

师：好，写好了。那么这个"拎"字什么意思？假设你身边就有一桶水，怎么拎啊？对，身子下垂，然后向上用力，来，拎拎看。（师指导"拎"）不能太高。放下来，放下来。

师：同学们，一桶水……

生：可重啦！

师：可重啦！句子当中有一个词告诉我们一桶水可重啦。谁能找到这个词？下面圈一圈。哪个词？

生：走走停停。

生："重"这个字告诉我们这桶水可重啦。

师：最关键的一个词，是一个叠词谁能够说说？

（师指导读好"沉甸甸"一词）

师：沉甸甸的意思是指——

生：一桶水可重啦。

师：一桶水可重啦，我们再来拎一次水好不好？

（生做动作，教师配语音："一桶水可重啦"）

师：一桶水可重啦，两只手帮帮忙，放下来放下来，甩甩手，手都拎痛了。捶捶背，腰也快要——

生：折断了。

师：同学们，一桶水可重啦，我们刚才做的这些动作文章的句子中有吗？好，我们一起来读，一桶水可重啦——

生：三个妈妈走走停停，手都拎痛了，水直晃荡，腰也快要折断了。

师：对呀，你们读的内容其实就告诉我们一桶水——

生（齐声地）：可重啦。

（师指导朗读这句话）

师：一桶水可重啦——

生（齐声地）：三个妈妈走走停停，手都拎痛了，水直晃荡，腰也快要折断了。

师：妈妈真——

（师引导理解"妈妈真辛苦。"）

师：妈妈真辛苦，就向我们说明了这个时候是妈妈最需要帮助的时候。那么在妈妈最需要帮助的时候，三个儿子是怎么表现的呢？请同学们翻一翻教材，用直线把三个儿子的表现划下来，划好以后干什么？

（生齐声地读）

师：好，开始。

（学生边划边读）

师：好，停，找到了吗？第一个儿子怎么表现的？

生：第一个儿子只顾自己翻跟头，像车轮子在转，他看也不看妈妈一眼。

师：好的，她划对了，谁能读得比她好？来，旁边一位男同学，你来。

生：第一个儿子只顾自己翻跟头，像车轮子在转，他看也不看妈妈一眼。

师："他看也不看妈妈一眼"，这个小朋友读出来了。老师在黑板上把他读出来的内容写一写。（板书：看也不看）那男孩看也不看，他在干什么呢？谁来读，他在干什么？你来读。

（师指导生读，师同时写第一个儿子表现的句子）

师：对了，只顾自己翻跟头。（师板书）那么，第二个儿子怎么样啊？

生：第二个孩子只顾自己唱歌，像只小黄莺，他也没看妈妈一眼。

（师指名两人读，分男女生读，齐读，指导读，师同时写第二个儿子表现的句子。）

师：这儿老师写（指着黑板），找出规律了吗？写什么？

生（齐声地）：只顾。

师：对了。（板书：只顾）还有吗？

生（齐声地）：唱歌。

师：第三个孩子的表现找到了吗？

生（齐声地）：找到了。

师：好，手放下。一会儿在读的时候请大家特别注意句子里面的三个动作。

（指导学生找到"跑、接、提"，自由读，指名读）

师：同学们，三个孩子你最喜欢哪个孩子？

生（齐声地）：我喜欢第三个孩子。

师：为什么？

生：因为其他两个孩子只顾自己玩，只有第三个孩子知道帮助妈妈。

师：好，还有小朋友要说的，你说！

生：我喜欢第三个孩子，因为其他两个儿子都去玩了，只有他最孝顺了。

师：哦，只有他最孝顺了。同学们说得真好。那么这样一来，第三个孩子的表现你要深深地记在脑海之中吧？

生（齐声地）：要。

师：能把它背出来吗？

生（齐声地）：能。

（生自由背）

师：好，我们一起来背哦。齐

生（齐声地）：第三个孩子跑到妈妈跟前，接过妈妈手里沉甸甸的水桶，提走了。

师：所有这一切啊，旁边白胡子老爷爷看得清清楚楚。你看，老爷爷说——

生（齐声地）：哦！我只看见了一个儿子啊！

（指导理解，老爷爷为什么只看见了一个儿子。）

生：因为要做一个儿子就必须为妈妈效劳。

师：要懂得——

生：要懂得尊重别人。

师：要懂得尊重妈妈。

师：刚才这个小朋友说，注意，他刚刚说了一个词"效劳"，换一个词比这个词更好,表达了你的内心想要做的。你说。

生:孝顺。

师:这个小朋友就说得比你好!孝顺,要孝顺妈妈,孝顺长辈,还可以说对妈妈怎么样?对,要爱妈妈!同学们,要孝顺妈妈,爱妈妈,孝顺长辈,爱长辈,你看,这样的人才能称得上是真正的——

生:儿子。

师:儿子,所以这问题解决了吗?

生(齐声地):解决了。

师:明明是——

生(齐声地):三个儿子。

师:老爷爷却说——

生(齐声地):只有一个儿子。

师:这个儿子真正懂得——

生(齐声地):孝顺。

师:对,(补充板书:唱歌)聪明的小朋友找到规律了。(板书:也不看)

师:孝顺长辈爱长辈。对呀,你这个问题解决了。同学们,水用完了呀,第二天又要打水了。这就是井台,三个妈妈就站在旁边了,水桶里的水又是满满的,第二天发生的事情,请你们同桌演一对母子你会演吧?你选择哪一对母子来演?

(学生开始讨论表演)

师:好,我只有一个机会找一组小朋友上来。(学生积极踊跃)

(生上前表演,师及时指导。)

师:同学们,要孝顺妈妈,爱妈妈,孝顺长辈,爱长辈,其实就应该从我们身边的每一件小事做起。下课。

——外高桥实验学校卢雷执教

(**点赞**:卢雷老师的这节课大致可分为五个环节:课题导入,初步感知并质疑,精读课文穿插字词教学,释疑明理,拓展表演。由此可见,前文的两课时教学环节若在学生充分预习的情况下,可以将相关的环节穿插整合,成为更为紧凑的一堂课。整堂课以学生自主提出的问题"文中有三个儿子,为什么课题中却写了一个儿子?"为主线,引导学生反复朗读,读通、读懂,将生字教学、朗读指导、问题解决有机地融为一体,课堂指导一气呵成。最后,卢老师创设了打水的情景,让孩子们在"演一演"中,学习运用文中的语句续编故事,激发了学生学习的兴趣,也将语言训练落到实处。

特别值得一提的是,卢老师在这堂课中抓住了低年级读文识字的教学要求,扎扎实实地进行生字教学。在阅读教学中采用分散识字的方法,严格要求学生读准字音、认清字形。在教学"拎"字时,他先讲读音,再讲字形。"拎"读前鼻音,而去掉提手旁后的"令"却读后鼻音,很容易混淆,有必要在低年级就让学生先入为主地记清楚。"拎"字的意思放在了具体的句子中让学生理解,然后,由词到句,找出带有"拎"字的句子,在讲读关键句子的同时让学生理解字义,体会句意。与此同时,他通过以读代讲的方式逐步使学生读懂课文,深入感悟,这样的课堂教学既扎实又有内涵。

(案例提供者:建设小学　张俊怡)

【挑战一】

请分析以下教学片断的设计是否符合低年级阅读教学的要求。你认为还可以有什么修改之处?

☞**教学内容:**

写字(片断)

☞**教学目标:**

在朗读和说话中展开想象,按要求练习说话。

☞**教学过程:**

1. 拼拼读读,复习巩固。(略)

2. 学习生字,读通课文。

(1)用"我问你答"的游戏读读第一、二句话,了解句式。

师：下面，我们来做"我问你答"的游戏，老师来问，你们回答，好不好？

生（齐声地）：好。

师：来，看着句子。谁在海上用浪花写字？

生（齐声地）：船儿在海上用浪花写字。（板贴：船儿）

师：船儿在哪里用浪花写字？

生（齐声地）：船儿在海上用浪花写字。（板书：在；板贴：海上）

师：船儿在海上用什么写字？

生（齐声地）：船儿在海上用浪花写字。（板书：用　写字；板贴：浪花）

师：谁在天上用云雾写字？

生（齐声地）：飞机在天上用云雾写字。（板贴：飞机）

师：飞机在哪里用云雾写字？

生（齐声地）：飞机在天上用云雾写字。（板贴：天上）

师：飞机在天上用什么写字？

生（齐声地）：飞机在天上用云雾写字。（板贴：云雾）

师：刚才老师先问的是什么？

生（齐声地）：老师先问的是"谁"。

师：对呀。（板贴：谁）再问的是……

生（齐声地）：在哪里。（板贴：在哪里）

师：最后问的是……

生（齐声地）：用什么写字。（板贴：用什么）

（2）教学课文第三句话。

出示：我在白纸上，用铅笔写出最美丽的字。

① 教学生字，指导读句。（略）

②"我问你答"游戏。

师：我们再来做做"我问你答"的游戏吧！这次，谁愿意当小老师来提问？

师：（指名一生）请你来问，大家一起回答。

生1：谁在白纸上，用铅笔写出最美丽的字？

生(齐声地)：我在白纸上，用铅笔写出最美丽的字。(板贴：我)

生1：我在哪里，用铅笔写出最美丽的字？

生(齐声地)：我在白纸上，用铅笔写出最美丽的字。(板贴：白纸上)

生1：我在白纸上，用什么写出最美丽的字？

生(齐声地)：我在白纸上，用铅笔写出最美丽的字。(板贴：铅笔)

师：小老师做得真好！你们看，这三句话原来是用同一个句式来写的。这个句式就是……

生(齐声地)：谁在哪里用什么写字。

(3)小组合作读课文。(略)

3.句式说话，自编儿歌。(仿说训练)

(1)看图按句式，自己选一句说一说。

师：看看这里的三幅图，你会用"谁在哪里用什么写字"。的句式来说一说吗？自己选一幅，准备准备。

(生自由准备)

师：谁来说？

生1：我说第一幅图。礼花在夜空中用火花写字。

生2：我说第二幅图。大树在阳光下用影子写字。

生3：我说第三幅图。洒水车在马路上用水花写字。

(2)连成儿歌读一读。

师：我们把这三句话连起来读一读，这就是我们小朋友自己编的儿歌呀！

(生齐读儿歌)

(板书)

27 写字

船儿		海上		浪花	
飞机	在	天上	用	云雾	写字
我		白纸上		铅笔	
谁		在哪里		用什么	写字。

二、 中年级阅读教学的课例研读与实践

中年级的语文教学已开始逐步由字、词、句向段、篇过渡，阅读教学应更加注重方法的掌握，过程的习得，注重语言的理解、积累和运用。新课标提出：中年级学生应能用普通话正确、流利地朗读课文；能注意力集中地默读课文；能联系生活经验，运用注释、工具书和资料，理解词义、句意。能体会词句表达的效果，初步了解一些表达方法；能依据具体的语言环境，了解语句的前后联系；能感受课文中富有表现力的词句；能在阅读中了解文章所写的内容，理解作者所表达的思想感情，领会文章的精妙之处。

根据新课标的要求，中年级的阅读教学中，教师应结合所学的课文，精心选择语言训练点，既强化语言运用，为学生的语言实践活动提供实践机会，又促进学生听、说、读、写有机地结合，提高学生运用语言的能力。语言训练有四个层次：感知性语言训练、理解性语言训练、运用性语言训练、熟记性语言训练。

根据年段特点，中年级学生的语言训练应侧重在初步进行理解性语言和运用性语言的训练。中年级的语文课可根据需要安排一课时或几课时，教学版块大致可划分为激趣导入、初读感知、理解探究、实践反馈、总结归纳、作业布置6个环节，也可根据具体情况增减、调整。下面就阅读教学各环节，具体说明相应的教学方法：

（一）激趣导入

导入环节对于一堂语文课的成功与否来说是很重要的，上课之初教师充满诗意与激情的导语，或是营造的积极快乐的氛围，往往能充分调动学生学习的积极性和主动性，将学生的兴趣和注意力转移到学习中来。导入时，教师可以从课题入手，引导学生审清题目，剖析课题，从题目中挖掘出隐含的信息，并渲染气氛，引导学生渐渐进入课文所描绘的情境之中；也可以采用谈话导入、情境导入、悬念导入、故事导入、谜语导入等方法（详见《初阶（设计篇）》）。

(二) 初读感知

此环节可以分为初读课文、学词积累、整体感知三个步骤。初读课文时,要求学生能读准字音,把句子读连贯,把文章读正确,读通顺。学词积累时,在学生自主学习的基础上,教师需要对重点词语的读音、词意等方面进行有针对性的指导,通过学生的及时反馈,了解学生字词的学习情况,巩固已知词语,纠正错读词语,重点讲解较难或是易混淆的词语。整体感知是指学生对于课文内容的整体把握,体会作者的描写语言、文章结构和写作方法,是学生对文本的总体印象。在教学过程中,要把课文作为一个有机的整体,无论是对小节内容的感知和理解,还是词句的分析与把握,都应该本着从整体出发、循序渐进的原则。教学中,教师可以通过朗读、提问、讨论、概括等方法或手段,将学生带进整篇课文之中,让他们反复认真地咀嚼课文,从整体上把握课文内容,理清思路。教师在学生初步感悟后,给出概括主要内容的提示,让学生根据提示尝试概括。

(三) 理解探究

理解探究是阅读教学的中心环节,它需要学生在整体感知课文的基础上进一步深入地了解课文。要读通课文不难,但是要读懂则需要教师带着孩子们入情入境地浸润在文本所营造的氛围中,品读词句,质疑问难,互动交流,最后理清课文思路,体会文章的内涵。主要分为内容探究和形式探究。"内容探究"指在初读课文、整体感知的基础上,深入阅读,探究难点。可将学习的内容转化为具有讨论意义的问题,让学生与文本直接对话,从中提取信息,形成解释,作出评价。三年级语文教学中的"形式探究"重点要落在句式(句群)探究和段式探究上。

(四) 实践反馈

实践反馈是学生在教师指导下巩固已学知识和形成语文能力的基本途径,是在学生掌握一定知识后的复习巩固与运用。学生对于文本中作者的表达方式和写作手法的理解只是第一步,如果能够进一步地结合自己的感受说一说,或者写一写,通过实践能够很好地实现从对文本的理解到内化的提升过程。在教学中,教师可以结合课文某个方面的内容,组织学生进行说话写话活动,在学生各抒己见之中完成对课文的感知与理解,实现思维的碰撞,可以使语文的工具性得以更好地体现。这对提高学生的语言素养十分有效。

（五）总结归纳

苏联教育家达尼洛夫和叶希波夫认为："通过总结学生在课上所学习的主要事实和基本思想来结束一节课是很有好处的。"在语文课总结环节，教师应提纲挈领地把整堂课的主要内容加以归纳总结，给学生以系统、完整的印象，促使学生加深对所学知识的识记和理解。此环节可以通过学生看着板书，以简洁的语言来复述课文的大致意思；还可以将课内知识拓展延伸至课外，促进课内外知识学习和运用的结合，调动学生学习、运用语言的积极性，并不断扩大学习的视野。但是，拓展和延伸必须要围绕课文的教学目标和重点，不能漫无边际。

（六）作业布置

根据年段目标、教材内容、学生实际，布置听说读写作业。

下面提供两篇课堂教学实录，分别从创设具体的语言环境和运用文本中的语句进行实践积累以及抓住关键词，进行语言概括能力训练等方面加以说明：

案例示范3

☞**教学内容：**

荒芜的花园

贝尔太太在城外修了一座花园。花园又大又美，吸引了许多游客，他们毫无顾忌地跑到贝尔太太的花园里游玩。

年轻人在绿草如茵的草坪上跳起了欢快的舞蹈；小孩子扎进花丛中捕捉蝴蝶；老人蹲在池塘边垂钓；有人甚至在花园当中支起了帐篷，打算在此过他们浪漫的盛夏之夜。贝尔太太站在窗前，看着这群快乐得忘乎所以的人们。她越看越生气，就叫仆人在园门外挂起一块牌子，上面写着：私人花园，未经允许，请勿入内。可是这一点也不管用，那些人还是成群结队地走进花园游玩。

后来贝尔太太想出了一个主意，她让仆人把园门外的那块牌子取下来，换上了一块新牌子，上面写着：欢迎你们来此游玩。为了安全起见，本园的主人特别提醒大家，花园的草丛中有一种毒蛇。如果哪位不慎被蛇咬伤,请在半小时内采取紧急救治措施,否则性命难保。最后告诉大家,离此地最近的一家医院在威尔镇,驱车大约50分钟即到。

这真是个绝妙的主意。那些贪玩的游客看了这块牌子后,对这座美丽的花园望而却步了。

几年后,有人再往这座花园去,却发现因为园子太大,走动的人太少,那里真的杂草丛生,毒蛇横行,几乎荒芜了。孤独、寂寞的贝尔太太守着她的大花园,她非常怀念那些曾经来她的园子里游玩的快乐的游客。

我们每个人心中都有一座美丽的大花园。如果我们愿意让别人在此种植快乐,同时也让这份快乐滋润自己,那么我们心灵的花园就永远不会荒芜。

——选自沪教版小学语文三年级(第二册)《荒芜的花园》

☞**教学目标:**

1. 读懂课文内容。体会课文主旨:与别人分享快乐的人,将拥有更多快乐。

2. 积累描写人们在花园里兴高采烈游玩的语句。

3. 学习续编故事。

☞**教学过程:**

第二课时

师:小朋友们,上节课我们学习了《荒芜的花园》一课的生字、新词,读熟了课文,知道了大致的内容。今天我们要继续学习。先来默写词语,听清要求:请7个同学每人默写一个,写在黑卡纸上,写完后贴到黑板上合适的位置,其他同学默在词语本上。

(说明:老师让学生默写了"又大又美、绿草如茵、兴高采烈、忘乎所以、杂草丛生、毒蛇横行、望而却步"七个词语。七个同学把自己默在卡片上的词语贴到黑板上合适的位置)

师:请大家核对一下,词语默写正确吗?七个同学的卡片是否放到了合适的位置。

(**点赞**:以上是《荒芜的花园》第二课"复习导入环节"的课堂实录,课开始老师让学生进行词语默写,七个学生因平时作业字迹端正而获得"写卡片、贴板书"的"殊荣"。

这一环节摒弃了以往传统、单一的默写形式，令人眼前一亮，既检查了学生词语默写得是否正确，更检查了学生对课文内容的整体了解。可谓匠心独具！）

附：板书（让7位学生把所默词语贴在黑板上）

荒芜的花园

	花园	人们	贝尔太太
原先			
后来			

（7位学生把词语贴在合适的位置上）

荒芜的花园

	花园	人们	贝尔太太
原先	又大又美 绿草如茵	兴高采烈 忘乎所以	
后来	杂草丛生 毒蛇横行	望而却步	

师：好，顺利完成任务。全班同学一起来读读这些词语。

师：现在我们来看看这些词语的意思，你们都理解了吗？老师来抽两个，第一个，什么叫"忘乎所以"？

生：忘记了一切。

师：还有吗？谁补充？

生：文中指人们在贝尔太太的花园里玩得很高兴，忘记了原本应该遵守的规范。

师：是呀，你们看，她这个回答就比较完整。好，第二个，"望而却步"的意思？

生：文中指人们看到贝尔太太挂出的指示牌后，对这座美丽的花园停止了脚步。

师：好，下面我们来用上词语把课文的主要内容来说一下，来，老师和你们一起合作。

师：贝尔太太家的花园，原先……

生（齐声地）：又大又美、绿草如茵。

师：人们在那里玩得……

生（齐声地）：忘乎所以、兴高采烈。

师：后来，贝尔太太挂出一块牌子，人们就……

生（齐声地）：望而却步。

师：很多年过去了，花园荒芜了，那里……

生（齐声地）：杂草丛生、毒蛇横行。

师：好，上节课学得不错！下面我们要继续学习课文。小朋友们，课文有一段话描写人们在贝尔太太家又大又美、绿草如茵的花园里玩得兴高采烈、忘乎所以，在哪一节？

生（齐声地）：第二节。

师：好的，储老师把这段话打在了屏幕上，我们一起来读读。

生（齐声地）："年轻人在绿草如茵的草坪上跳起了欢快的舞蹈；小孩子扎进花丛中捕捉蝴蝶；老人蹲在池塘边垂钓，有人甚至在花园里支起了帐篷，打算在此度过他们浪漫的盛夏之夜。"

师：嗯，读得真好！下面请大家把这段话积累下来。等会我们要运用的。谁能用巧妙的办法记忆？老师提示你们一下。

（说明：老师把第 2 小节四句话竖着排列，为的是让学生找到规律，方便记忆）

（多媒体显示：

年轻人在绿草如茵的草坪上跳起了欢快的舞蹈；

小孩子扎进花丛中捕捉蝴蝶；

老人蹲在池塘边垂钓；

有人甚至在花园里支起了帐篷，打算在此度过他们浪漫的盛夏之夜。）

生：这 4 句话的句式相同，都是"谁在哪里干什么"。

生：这几句话前面都是"谁"，后面都是"干什么"。

师：是呀，作者根据年龄列举了几类对象（老人、年轻人、小孩子），还有一群特殊人群（有人）。他们做的事情与他们年龄相匹配。这样一分析，你们就容易记忆了，老师给你们一点时间，熟读成诵吧。

（说明：老师给予学生一定的时间积累句子）

（**点赞**：教师用"读读句子，找找特点，用什么好办法巧记内容"的方法指导学生积累，而不是一味地让学生死记硬背。学生并非一看句子就能找到特点的，老师将四句句子竖着排列，引导学生对作者的写作形式进行探究，找到句式相同的特点，还让学生比较一下这样写是否可以：老人扎进花丛中捕捉蝴蝶，小孩子蹲在河边垂钓？这样，学生逐步找到了三个特点：1.四句句子句式相同，都是"谁在哪里干什么"。2.作者根据年龄例举了几类对象：老人、年轻人、小孩子以及一类人群。3.这几类对象活动的内容与他们的年龄相匹配。接着在讨论的基础上给学生一定的时间背诵、积累。）

师：同学们很有办法，很快就把这段话积累下来了。听了你们的诵读，老师的眼前仿佛出现了贝尔太太的花园热闹非凡、生机勃勃的景象。可是，贝尔太太看到这种景象却怎么样？

生（齐声地）：生气。

板书：生气（板书"生气"，写在"贝尔太太"下面）

师：她越看越生气，于是就挂出了两块牌子，我们来看第一块，一起读一读。

生（齐声地）："私人花园，未经允许，请勿入内。"

师：小朋友们，我们来读懂内容，私人花园是指——？

生（齐声地）：自己的花园。

师：这里是指？

生（齐声地）：贝尔太太的花园。

师："未经允许"是指？

生（齐声地）：没有经过允许。

师："允许"是什么意思啊？

生（齐声地）：没有经过许可。

师："请勿入内"的意思是——

生（齐声地）：请不要进入花园里面。

师：意思都懂了。可是这块牌子挂出去后，管用吗？

生（齐声地）：不管用。

师：文中有一句话找到吗？一起读给老师听。

生（齐声地）："可是这一点也不管用，那些人还是成群结队地走进花园游玩。"

师：没有办法了，贝尔太太只能再挂一块牌子。我们来看第二块牌子，储老师请一个同学来读读。

生："欢迎你们来此游玩，为了安全起见，本园主人特别提醒大家，花园的草丛中有一种毒蛇，如果哪位不慎被蛇咬伤，请在半小时内采取紧急救治措施，否则性命难保。最后告诉大家，离此地最近的一家医院在威尔镇，驱车大约50分钟即到。"

师：好，读得很不错！小朋友们，这块牌子挂出去后，效果有了吗？

生（齐声地）：有了。

师：有个词叫？

生（齐声地）：望而却步。

师：对了。为什么第一块牌子写了"请勿入内"，可是大家还成群结队地进去。第二块牌子写"欢迎你们来游玩"，人们反倒望而却步了呢？

生：因为第一块牌子虽然写着"请勿入内"，可是里面的景色，实在是太美了。游客们都控制不住自己。

师：这个小朋友讲得太好了，掌声鼓励！

生：第二块牌子上面虽然写的是"欢迎你们来此游玩"，但是它说"花园的草丛中有一种毒蛇，如果哪位不慎被蛇咬伤，请在半小时内采取紧急救治措施，否则性命难保"，但是它还说，"离此地最近的一家医院在威尔镇，驱车大约50分钟即到"。多了20分钟，如果哪位被毒蛇咬伤，就必死无疑。所以游客们看了这块牌子后，就望而却步了。

师：给她掌声。

师：请大家一起读一读第四小节。

生（齐声地）："这真是个绝妙的主意，那些贪玩的游客看了这块牌子后，对这座美丽的花园望而却步了"。

师：贝尔太太自认为是个绝妙的主意，你怎么认为的？为什么？

生：我觉得不是个绝妙的主意，因为没有人进去走动的话，就会有很多杂草冒出来。

师：记得这个题目叫什么吗？用一个词，这里就会怎么样？

生：这里就会杂草丛生。

生：就会荒芜。

师：所以这不是一个绝妙的主意。还有吗？

生：一旦没有许多游客的光顾，贝尔太太就会变得十分地孤独、寂寞。而且园子也会变得十分地不好看，变得荒芜了。

（**点赞**：老师及时引导学生对课文内容进行探究，并将学习的内容转化为具有讨论意义的问题，让学生与文本直接对话，从中提取信息，形成解释，做出评价：1. 贝尔太太挂出的两块牌子，第一块牌子写"请勿入内"，可是人们还是成群结队地去那里游玩，而第二块牌子写"欢迎你们来此游玩"，可是人们却望而却步了。这是为什么？2. 贝尔太太自以为这是个绝妙的主意，你怎么认为？为什么？在讨论中，学生提出了观点，说出了依据，培养了学生分析、综合和表达的能力。）

师：请两个同学分别在卡片上写"孤独"、"寂寞"，然后贴到黑板上合适的位置，其余同学把第五小节读一下。

生（齐声地）："几年后，有人再往这座花园去，却发现因为园子太大，走动的人太少，那里真的杂草丛生，毒蛇横行，几乎荒芜了。孤独、寂寞的贝尔太太守着她的大花园，她非常怀念那些曾经来她的园子里游玩的快乐的游客。"

师：小朋友们，如贝尔太太所愿，人们真的不去花园里游玩了。几年后，花园荒芜了，里面杂草丛生、毒蛇横行，她开始怀念年轻人——

生（齐声地）："年轻人在绿草如茵的草坪上跳起了欢快的舞蹈。"

师："她怀念，小孩子……"

生（齐声地）："小孩子扎进花丛中捕捉蝴蝶。"

师："她怀念老人……"

生（齐声地）："蹲在池塘边垂钓。"

师："她非常怀念那些……"

生（齐声地）："曾经来她的园子里游玩的快乐的游客。"

师：小朋友们，课文的故事写到这里就结束了。如果我们想让这个故事发展下去，你们想一想，这个花园会不会恢复昔日的美丽呢？为什么？

生：我觉得会，因为贝尔太太想念那些曾经在这里游玩的游客，所以她想让自己的花园变得像以前一样美丽。

生：我也觉得会的，因为贝尔太太为之前的行为感到后悔了。

师：我们来续编故事，读读课后的练习题。

生（齐声地）：荒芜的花园还会恢复昔日的美丽吗？请你将这个故事续编下去。可以适当用上课文里的词语和句子。

讨论1：怎样可以让花园恢复昔日的美丽？

讨论2：当贝尔太太家的花园恢复了昔日的美丽时，出现在我们眼前的将是一幅怎样的画面？适当用上课文中的词句。

师：我们先来讨论第1题：怎样才能让荒芜的花园恢复昔日的美丽呢？我们先来看看黑板。昔日是怎么样的？

生（齐声地）："又大又美、绿草如茵。"

师：后来变成怎么样了？

生（齐声地）："杂草丛生、毒蛇横行。"

师：这是昔日花园的变化。现在我们要变回去该怎么做呢？

生：我觉得要先把杂草给除掉。

生：我觉得要把毒蛇赶走。

生：我觉得要在外面挂一块牌子。

师：贝尔太太挂出去的第三块牌子内容是怎样的？我们来仿照第一块牌子编一编。

生：私人花园，已经允许，可以入内。

师：同学们，你看到这块牌子敢进去吗？

生：不敢，花园里杂草丛生，毒蛇还没有除掉呢。

师：好，那么还要加上什么内容？

生：花园已整修，毒蛇已清除，欢迎光临。

师：好，简洁明了！当牌子挂出去以后，人们一传十，十传百，大家都成群结队地来了。下面我们来讨论第二个问题：当贝尔太太家的花园恢复了昔日的美丽时，出现在我们眼前的将是一幅怎样的画面？适当用上课文中的词句。

生：又大又美、绿草如茵的。

师：还有呢？

生：忘乎所以。

师：你们觉得这些词都可以用的，好！句子呢？

生：刚才我们背诵的句子。

师：对呀！要学以致用，用了就是你自己的语言了。我们再来看贝尔太太。故事中的贝尔太太有什么变化？

生：原来是生气，现在应该是高兴、开心、愉快。

师：想象一下，人们都来了后，贝尔太太怎么样？

生：我觉得她会加入到游玩的行列中。

师：储老师给个开头，请你们把故事编下去，自己先准备准备。注意分四步练习：1. 贝尔太太采取行动让花园恢复到往日的美丽。2. 挂出一块表示诚意的欢迎牌。3. 人们又到花园游玩的情景。4. 贝尔太太的变化。在第2步和第3步之间加上过渡句：人们看到贝尔太太挂出的牌子，一传十，十传百，大家又成群结队地到花园里游玩了。（说明：老师先让学生自己练习，然后组织交流，在交流的过程中评点指导。）

（**点赞**：这个环节，老师让学生充分发挥想象，把文中学到的词句编入故事，学以致用。学生在讨论第三块牌子的内容时，语句啰嗦，老师让学生模仿第一块牌子简洁的语言。学生在讨论贝尔太太的变化时，思维单一，老师启发学生从贝尔太太的神态、语言、行动上去展开合理想象。在两个问题讨论后，又帮助学生理清思路，续编故事分四步进行：1. 贝尔太太采取行动让花园恢复到往日的美丽。2. 挂出一块表示诚意的欢迎牌。3. 人们又到花园游玩的情境。4. 贝尔太太的变化。在第2步和第3步之间还提示学生加上过渡句：人们看到贝尔太太挂出的牌子，一传十，十传百，大家又成群结队地到花园里游玩了。

抓住文本中的语言训练点，通过学生对课文内容的"再表达"，实现对课文的深入理解，这对提高学生的语言素养十分有效。）

师：同学们，刚才我们读懂了课文，又续编了故事，课文要告诉我们的道理懂了吗？我们一起来把最后一小节读一读。

生(齐声地)："我们每个人心中都有一座美丽的大花园。如果我们愿意让别人在此种植快乐，同时也让这份快乐滋润自己，那么我们心灵的花园就永远不会荒芜。"

生：课文的意思是要和大家一起分享快乐。

师：我们一起给他掌声。板书：分享快乐

师：这段话比较难懂，意思是如果当别人快乐的时候，你也快乐，那么你就分享了别人的快乐。如果当别人快乐的时候，你却生气，不让别人快乐，那么你的心灵的花园就会荒芜，你就会孤独、寂寞。以后等你们长大了，对这段话会理解更深的。好，今天这节课我们就上到这里，下面储老师要布置一个作业。谁猜得出？

生：续编故事。

师：好，今天就上到这里。下课。

——特级教师储竞执教

（**点赞**：这是储竞老师教学的《荒芜的花园》一课。课堂教学分为两课时，第一课时以字词教学和读通课文为主要教学内容，第二课时以读懂课文内容、积累描写人们在花园里游玩的语句和续编故事为教学重点。第二课时，由"语言积累、理解探究（内容探究和形式探究）、实践反馈和主旨体会"四大环节组成，教学脉络清晰，教学节奏明快。课堂上，储教师十分重视学生对语言的理解、积累和运用。舍得花大量的时间，让学生在读懂课文内容的基础上，积累描写人们在花园里兴高采烈游玩的句子，为续编故事打下扎实的语言基础。

教学过程中，储老师非常注重学法的指导，授之以渔：引导学生用"读读句子，找找特点，用什么好办法巧记内容"的方法进行语言的积累，避免了一味地死记硬背。

教学中处处有亮点：储老师及时引导学生对课文内容进行探究，并将学习的内容转化为具有讨论意义的问题，让学生与文本直接对话，从中提取信息，形成解释，做出评价；又让学生充分发挥想象，把文中学到的词句编入故事，学以致用。抓住文本中的语言训练点，通过学生对课文内容的"再表达"，实现对课文的深入理解，切实提高了学生的语文素养和语言能力。

课文的最后一节含义深刻，对于三年级的学生来说理解有困难，储老师通过讲解，让学生初步了解句子的含义。"如果当别人快乐的时候，你也快乐，那么你就分享了别人的快乐；如果当别人快乐的时候，你却生气，不让别人快乐，那么你的心灵的花园就会荒芜，你就会孤独、寂寞。以后等你们长大了，对这段话会理解更深的。"这样的教学语言，犹如一颗种子播入学生心田，它会在学生心中生根、发芽……）

（案例提供者：建设小学　谢　珺）

案例示范4

☞**教学内容：**

日内瓦在瑞士的西南部，碧水青山，风光绮丽，是全世界游人神往的地方。

罗讷河是一条贯穿全境的河流，它把市区一分为二：左岸是老城，右岸是新城。沿着罗讷河走到日内瓦东北郊，令人向往的日内瓦湖就展现在你的眼前。湖的形状略像一弯新月，水色湛蓝，犹如翡翠铺成。湖的南岸，高耸的雪峰上，白雪皑皑。沿湖公园密布，一幢幢造型奇特的别墅掩映其间。湖中有一座高达130米的人工喷泉，群群白鸽在湖畔漫步，天鹅、海鸥、野鸭在湖中追逐嬉戏。这些水上"居民"受到日内瓦人的精心保护，也充分享受着和平的幸福。每当产卵季节，湖畔居民就给它们送来干草、棉花、塑料等，供它们营建产房。如果"小宝宝"们在早春降临，市民们就给它们送来面包、蛋糕、牛奶等营养品。如果它们得了病，人们就会把它们抱进怀里，送到医院。

日内瓦还是一座国际城市。全市30多万人口中，有三分之一是外国人。许多国际会议在这里召开，不少国际条约在这里签订，很多国际组织的总部也设在这里。世界旅游胜地日内瓦，也是一个重要的外交舞台。

——选自沪教版小学语文三年级（第一册）《令人神往的日内瓦》

☞**教学过程：**

第二课时

师：同学们，上节课我们学习了《令人神往的日内瓦》一课的生字、新词，初读了课文，还重点学习了第1小节。今天，我们要深入地来学习课文。

师：先请大家回忆一下,日内瓦是一座怎样的城市?

生：日内瓦是一座风光绮丽的城市。

师：不错,能用书上的词语来概括。

生：日内瓦是一座和平幸福的城市。

师：很好!

生：日内瓦是一座风光绮丽、令人神往的城市。

师：真棒!词语丰富起来了!

生：日内瓦碧水青山、风光绮丽,是一座全世界游人都神往的国际城市。

师：了不起!上节课学得很认真!给点掌声!

师：把书打开,一起把第1小节朗读一下。

(生齐读第1节)

师：是啊!每年,碧水青山、风光绮丽的日内瓦都吸引了成千上万的游客前去观光,今天就让我们走进日内瓦,去领略这座城市独有的异国风光吧!

(**点赞**：这是《令人神往的日内瓦》的第二课时,因此,课的开始,有一个复习回顾的环节。通过"日内瓦是一座怎样的城市?"这个问题,不仅串起了第一课时的教学内容,更是创设了具体的语言环境,让学生运用文本中的语句进行了实践积累和反馈,可谓"一举两得"。)

师：我们知道,在日内瓦境内,有一条河流叫——罗讷河。请一位同学来读读这句句子。

(出示：罗讷河是一条贯穿全境的河流,它把市区一分为二：左岸是老城,右岸是新城。)

(师点名生读)

师："全境"什么意思?

生：指所有的地方,全部的地方。

师：在课文中就是指(整个日内瓦城)。(多媒体显示日内瓦城图片)

师：罗讷河就是这样穿过了整个城市,它把市区一分为二：左岸是老城,右岸是新城。(多媒体演示"贯穿"过程)

师：这样整个地穿过、贯通，书上用哪个词语来说明的？

生：贯穿。

（生齐读句子）

师："沿着罗讷河走到日内瓦东北郊，令人向往的日内瓦湖就展现在你的眼前。"请大家自由读读这一段话，用直线划出描写日内瓦湖风光绮丽的句子。

（生自由读，师板书：风光绮丽）

（多媒体随机显示）

1. 湖的形状略像一弯新月，水色湛蓝，犹如翡翠铺成。

2. 湖的南岸，高耸的雪峰上，白雪皑皑。

3. 沿湖公园密布，一幢幢造型奇特的别墅掩映其间。

4. 湖中有一座高达130米的人工喷泉，群群白鸽在湖畔漫步，天鹅、海鸥、野鸭在湖中追逐嬉戏。

师：这么美的句子，我们可要好好地来读一读。请同学们齐读这四句话，看看写了哪些景物，美在哪里？然后挑选一句你最喜欢的，向大家推荐一下。还记得推荐的方法吗？先是有感情地读一读，再说说理由。

（生齐读这四句句子）

（多媒体随机显示：湖的形状略像一弯新月，水色湛蓝，犹如翡翠铺成。）

师：谁先来推荐第一句？

生：我来推荐："湖的形状略像一弯新月，水色湛蓝，犹如翡翠铺成。"我觉得这句句子把湖的形状写得很美，说它像一弯新月。

师：好！什么是新月知道吗？

生：弯弯的、细细的月亮。

师：看！这就是你们所说的弯弯的、细细的新月。（多媒体显示图片：新月、日内瓦湖）日内瓦湖的形状像不像一弯新月？

生：像。

生：不像。

师：再来读读句子，像不像？

生：有点儿像，又有点儿不像。

师：从哪里看出来？

生：略像。

师：真会读书！（指名回答的生读）湖的形状有点像新月，可细细看来又不太一样。说明湖的形状是很奇特的，文中的这个"略"字用得多么准确啊！来！再读一读这句句子。

（**点赞**：文本"湖的形状略像一弯新月，水色湛蓝，犹如翡翠铺成"是一句比喻句。"略"字是这句句子中比较容易被忽视的一个字眼。但恰恰是这个"略"字准确地描绘出了日内瓦湖的形状奇特，老师在让学生反复品读的基础上，探究作者的写法，理解"略"字的妙用，在读中感受语言的魅力。）

师：还有谁喜欢这句句子？

生：我也喜欢这句句子："湖的形状略像一弯新月，水色湛蓝，犹如翡翠铺成。"这句句子把湖水比作了翡翠，说明湖水的颜色很漂亮！

师：说得真好！翡翠有什么特点？

生：清澈、透明、杂质很少、颜色鲜艳、富有光泽。对呀！可见日内瓦湖的水色是清澈透明又富有光泽的，确实很漂亮！

师：这么迷人的湖面，谁来读好它？

（师指名2个学生读）

师：全班的女生一起读。

师：继续交流推荐！

生：这句句子写得太美了！我来读给大家听一听："湖的南岸，高耸的雪峰上，白雪皑皑。"我觉得这句句子给我的感觉湖就像一幅画一样。

师：真会想象！小朋友，我们一起来倾听一下，请你向大家描述一下，在你的脑海里，出现了一幅怎样的画面？

生：蓝蓝的天上飘着朵朵洁白的云，高耸的雪峰上白雪皑皑，它们倒映在湛蓝的湖水里，水和天都连在一起了！

师：把掌声送给她！多么宁静的一幅画面啊！老师和同学们都陶醉了。你推荐得很成功！请你再读读这句句子！我们学着她的样子，开排"小火车"，美美地来读一读。

师：这句句子写了什么景物？

生（齐声地）：雪峰。

师：书上用哪个词来形容？

生（齐声地）：白雪皑皑。

师：什么意思？（形容雪非常洁白的样子）这个"皑"字比较容易写错，看老师写一遍。一起书空。

（生书空）

师：继续。

生：我喜欢这句句子："沿湖公园密布，一幢幢造型奇特的别墅掩映其间。"可以看出日内瓦到处是公园，环境很好，空气一定很清新。我真想去那里看一看！

师：从哪里看出到处是公园啊？

生：公园密布。

师：真会读书！

生：我也喜欢这句："沿湖公园密布，一幢幢造型奇特的别墅掩映其间。"我觉得一幢幢造型奇特的别墅肯定很有趣！

师：你对这些造型奇特的别墅很感兴趣。"掩映其间"是什么意思知道吗？

生：就是遮遮挡挡的意思。

师：意思有点接近了。再来读读句子，"其间"指的是什么？

生：公园。

师：具体指公园里的——树木、丛林、小山。（多媒体显示图片）看！这一幢幢造型奇特的别墅掩映在公园郁郁葱葱的树林里，彼此遮掩，又相映成趣，这就是文中所说的——"掩映其间"。

（**点赞**："掩映其间"这个词语学生在预习时大部分应该已查过字典，知晓它的意思，解释为：彼此遮掩，互相衬托。但"彼此"和"互相"在不同的语言环境中具体的指代是不同的，老师通过多媒体出示直观的图片，让学生知道本文中是指"别墅和树木"彼此遮掩，相映成趣。）

师：谁能把这一道独特的风景线通过你的朗读，展现在大家眼前？

（指名读，男生读，女生读）

师：继续！

生：我觉得这句句子很有趣："湖中有一座高达130米的人工喷泉，群群白鸽在湖畔漫步，天鹅、海鸥、野鸭在湖中追逐嬉戏。"我想，130米高的人工喷泉一定很有趣吧！

师：是的！不仅有趣，而且还非常壮观哪！130米，给你们一个数据作为参考，相当于四十几层楼的高度，这个喷泉已经成为了日内瓦的标志。再来读一读！（师指名读）

生：我喜欢那里的小动物："湖中有一座高达130米的人工喷泉，群群白鸽在湖畔漫步，天鹅、海鸥、野鸭在湖中追逐嬉戏。"我觉得那里的小动物真可爱！

师：有哪些小动物啊？

生：白鸽、天鹅、海鸥、野鸭。

师：我们把它们统称为"各种鸟儿"。

师：除了可爱，那里的小动物还很？

生：我觉得它们非常悠闲自在！

师：你怎么发现的？

生：群群白鸽在湖畔漫步。

师：漫步是怎样地走啊？

生：慢慢地，悠闲地，自由自在地。

生：我觉得它们还非常快乐，在湖中追逐嬉戏。

师：请你把这种快乐的感觉带给大家！

师：小朋友们讲得真好！请大家闭上眼睛想象一下，你仿佛看到了怎样的一种情景？

生：一群群白鸽挺着圆圆的肚子在湖畔散步，即使有人群经过，它们也不害怕，它们可能还会跟随着游人的脚步呢！

师：是的，这里是它们熟悉的家园。

生：天鹅、海鸥、野鸭把湖当成了游乐园，互相追逐玩耍，玩得可开心啦！

师：多么悠闲、自在、快乐的鸟儿啊！

（生齐读）

（**点赞**：这四句句子具体描写了日内瓦的"风光绮丽"，通过让学生自己品读、积累，然后向大家推荐一句自己最喜欢的句子，体现了以学生为主体的教学理念。学生畅所欲言，自由表达，体现了一个将课文语言内化成自己的语言的过程。）

师：这四句话中，第一句总的介绍了湖的（形状　水色），二、三、四句按照一定的方位顺序描写了各种景物。先写了湖的（南岸），接着是（沿湖），最后是（湖中），这样由远及近地进行了介绍。

师：我们一起合作，完整地读读这四句话。

（师引读，生接读）

师：按照这样的顺序，作者在介绍日内瓦湖的多处景物时就显得有条有理。

师：这么迷人的美景，（多媒体出示图片）老师要请你们做小导游来向大家介绍一下，有没有兴趣？请你们用上刚才积累的语句，也可以加上自己的想象，向大家介绍。你可以选择其中的一个景点来介绍，当然，如果每个景点你都能介绍，那就更棒了！

（生准备）

师：先放低点要求，请你选择一到两个景点来介绍。

生：我来介绍：湖的形状略像一弯新月，水色湛蓝，犹如翡翠铺成。湖的南岸，高耸的雪峰上，白雪皑皑。

生：我也来介绍：湖的南岸，高耸的雪峰上，白雪皑皑。沿湖公园密布，一幢幢造型奇特的别墅掩映其间。

生：我向大家介绍：湖中有一座高达130米的人工喷泉，群群白鸽在湖畔漫步，天鹅、海鸥、野鸭在湖中追逐嬉戏。

生：沿湖公园密布，一幢幢造型奇特的别墅掩映其间。湖中有一座高达130米的人工喷泉，群群白鸽在湖畔漫步，天鹅、海鸥、野鸭在湖中追逐嬉戏。

师：谁能按照作者描写的顺序来介绍啊？

生：令人向往的日内瓦湖展现在你的眼前：湖的形状略像一弯新月，水色湛蓝，犹如翡翠铺成。湖的南岸，高耸的雪峰上，白雪皑皑。沿湖公园密布，一幢幢造型奇特的别墅掩映其间。湖中有一座高达130米的人工喷泉,群群白鸽在湖畔漫步,天鹅、海鸥、野鸭在湖中追逐嬉戏。

师:真不容易!

师:哪一小组能加上想象来介绍?

小组3:我们推荐她来介绍!

生:令人向往的日内瓦湖展现在你的眼前。湖的形状略像一弯新月,水色湛蓝,犹如翡翠铺成。湖的南岸,高耸的雪峰上,白雪皑皑。沿湖一幢幢造型奇特的别墅掩映在公园郁郁葱葱的树林里,彼此遮掩,又相映成趣。湖中有一座高达130米的人工喷泉,群群白鸽挺着圆滚滚的肚子在湖畔悠闲地散步,天鹅、海鸥和野鸭把湖当成了游乐园,在湖中追逐嬉戏,玩得可开心啦!

师:真了不起!我们先把掌声送给她!我想:以后如果你去日内瓦,你完全可以胜任小导游这个角色了!

(**点赞**:在对日内瓦湖景物的语句有了一定积累的基础上,再指导学生按一定的顺序,通过学生喜爱的"做小导游"这个形式来介绍日内瓦湖的美景,创设了具体的语言环境,运用文本中的语句进行实践积累,是一个从理解、积累、到运用表达的过程。)

师:日内瓦不仅风景宜人,还被人们称为"和平之都"。自己读读这段话,说说你感受到了什么?

(多媒体显示句段)

生:这些小动物受到日内瓦人的精心保护,充分享受着和平的幸福。

生:日内瓦市民把这些鸟儿当作朋友来看待。每当鸟儿的产卵季节,湖畔居民给它们送来了干草、棉花、塑料等,供它们营建产房,怕它们冻着。

师:多么幸福的鸟儿!

生:日内瓦市民把这些鸟儿的宝宝当成是自己的孩子。如果"小宝宝"们在早春降临,市民们就给它们送来面包、蛋糕、牛奶等营养品。吃的东西和我们是一样的。而且如果它们得了病,人们还会把它们抱进怀里,送到医院,无微不至地关怀着它们。

师:这些小动物的待遇可真高!你们觉得日内瓦的人民怎么样啊?

生:很友善,很善良,也很有爱心。

师：喜不喜欢那里的人民？我也喜欢！日内瓦真是景美人更美啊！

师：在这段话中，出现了两个"居民"，大家看看，有什么不同吗？

生：水上"居民"中的"居民"打上了双引号。

师：为什么打上双引号知道吗？

生：不是真正居住在那里的人，但当地居民已经把它们当成了自己的朋友。同样的，"小宝宝"上的双引号——不是真正的宝宝，而是指雏鸟们。

师：在日内瓦，人和动物真正做到了和谐共处。

师：日内瓦不仅是世界旅游胜地，还是一座国际城市。

（多媒体显示第3小节，生齐读）

师：今天这节课，我们在阅读中理解了很多词语的意思，积累了文中许多描写日内瓦湖风光的语句。同时，我们也做了一次愉快的旅行，领略到了优美的风光，感受到了日内瓦人民与动物自然相处的和谐之美。想不想去啊？所以作者说这是——令人神往的日内瓦。

——建设小学黄琴老师执教

（**点赞**：《令人神往的日内瓦》一课从风光绮丽、人与自然和谐相处、重要的外交舞台三方面介绍了瑞士旅游胜地日内瓦。课文篇幅较长，黄老师分了两个课时来教。第一课时，让学生学会生字、新词，整体感知课文内容，理清文章的脉络，并重点学习第一小节。第二课时，重点品读、积累文中描写日内瓦景物的语句，并能运用文中语句，按顺序介绍日内瓦湖的风光。感受日内瓦人与自然、人与动物和平相处的和谐之美。

本课是第二课时，整堂课从复习引入、理解探究（形式探究）、实践反馈三大板块来组织教学："复习引入"环节，通过"日内瓦是一座怎样的城市？"这个问题，不仅串起了第一课时的教学内容，更在课的开始就让学生有了语言训练的机会。"理解探究"环节，黄老师采用了各种方法，帮助学生理解词语意思。本课中，有很多词语需要理解、落实。在教学中，有的是通过查字典来理解，有的是通过找近义词的方法来理解，有的是联系上下文来理解。例如："全境"和"贯穿"这两个词语比较抽象，对于三年级的学生而言，理解有难度，通过多媒体演示，直观明了，而且整个日内瓦的地理位置也清晰地呈现了。"掩映其间"环节，让学生在反复阅读中，联系上下文，在语境中理解意思。

除了字词的理解,黄老师还引导学生对作者在文本表达的形式上做了探究,文中"湖的形状略像一弯新月,水色湛蓝,犹如翡翠铺成。"一句中的"略"字是比较容易被忽视的一个字眼。但恰恰是这个"略"字准确地描绘出了日内瓦湖的形状奇特,这个字的加与不加,意思完全不同。黄老师让学生在反复品读的基础上,探究作者的写法,理解"略"字的奥妙,在读中感受语言的魅力,体会这样描写的精妙之处。"实践反馈"环节,先精心设计了"把你最喜欢的一处景物推荐给大家"这个语言训练点,让学生熟悉文本。在此基础上,又让学生按一定的顺序,以小导游的身份向大家介绍日内瓦的景物,进行说话训练,让学生自由感受,自主学习,自我表达。整堂课的教学从学情出发,给学生创设了具体的语言环境,运用文本中的语句进行实践积累,充分进行了理解性语言和运用性语言的初步训练。)

(案例提供者:建设小学 谢 珺)

【挑战二】

　　阅读(沪教版小学语文三年级(第二册)《全神贯注》教学片断设计,写一篇心得。

《全神贯注》教学片段

　　师:课文学完了,还记得我们刚才重点学习的第二小节作者的写作方法吗?

　　生:作者通过仔细观察,把看到的、听到的细致刻画,再加上想到的,把罗丹全神贯注修改女像的过程写得很具体。

　　师:现在,我们也来学习这种方法,进行说话练习。你们看,这是(多媒体显示图片)

　　生(齐声地):郎朗。

　　师:是啊,郎朗是世界著名的钢琴家,是中国人的骄傲。他弹琴时可投入了。我们一起去看看他演奏会时的情景,好吗?请你们仔细观察人物的动作和神态。

（生观看视频：郎朗弹琴）

师：谁能从"看到的"、"听到的"、"想到的"三方面说说郎朗弹琴时的情景。老师给你们一些提示，请读一读。

（生根据词语小贴士，自己练说话。

小贴士：郎朗的钢琴演奏会终于开始了。我坐在电视机前欣赏着。

一会儿……一会儿……好像　似乎　越……越……

一刻钟过去了……半小时过去了……）

（在学生准备的基础上请个别学生交流，要求其他学生根据以下几方面做点评：是不是有"看到的"、"听到的"、"想到的"三方面的内容；想象是否合理；语句是否通顺。）

_____

_____

_____

三、 高年级阅读教学的课例研读与实践

新课标提出：高年级学生应能联系上下文和自己的积累，推想课文中有关词句的意思，辨别词语的感情色彩，体会其表达效果；在阅读中揣摩文章的表达顺序，体会作者的思想感情，初步领悟文章基本的表达方法；在交流和讨论中，敢于提出看法，作出判断；阅读叙事性作品，了解事件梗概，能简单描述自己印象最深的场景、人物、细节，说出喜欢、憎恶、崇敬、向往、同情等感受；能复述叙事性作品的大意，初步感受作品中生动的形象和优美的语言，关心作品中人物的命运和喜怒哀乐，与他人交流阅读感受。

小学高年级的阅读课文都是文质兼美的佳作，每一个汉字都浸润着丰富的表象，

承载着文化的内涵,不仅寄托着作者的真知灼见,渗透着作者丰富的情感,也在遣词造句、语言表达上独具匠心,是对学生进行语言训练的范本。

"中年级阅读教学的课例研读与实践"中提到语言训练的四个层次:感知性语言训练、理解性语言训练、运用性语言训练和熟记性语言训练。根据年段特点,中年级学生的语言训练侧重在初步进行理解性语言和运用性语言的训练上。高年级阅读教学的语言训练则应侧重在深入进行理解性语言和运用性语言的训练及熟记性语言训练上。

深入进行理解性语言和运用性语言的训练,要求学生在教师指导下,不仅理解字面意思,而且要理解更深层次的含义,如:含蓄之意、引申之意、比喻之意、言外之意等。理解性语言训练和运用性语言训练可以结合起来进行。解词、析句、明段,进而读懂全篇,理解作者成文思路,然后迁移到运用性语言训练中来。

熟记性语言训练是训练学生对课文片段或全篇进行复述式背诵的能力以吸取知识。复述可以分为详细复述、简单复述、创造性复述三种。高年级常用的是详细复述。

高年级的阅读教学可视课文内容和班级具体情况而定教学课时,通常一篇课文用两课时。教学版块大致与中年级阅读教学类似,基本上由激趣导入、初读感知、理解探究、实践反馈、总结归纳、作业布置 6 个环节构成,也可根据实际需求增减,步骤的顺序也可作调整。下面就高年级阅读教学的部分环节作具体说明。

(一) 初读感知

由于高年级的学生已经具备了一定的自学能力,教师在课前已经布置了预习作业,因此,教师可在本环节安排预习反馈。一般可从以下几方面入手:1. 理解词语;2. 朗读课文;3. 课文大意;4. 尝试回答课后思考题。

(二) 内容探究

据有关实验证明,学生学习母语时,课文的大致内容都能通过自读自悟,自我理解。只有 10% 左右的内容需要在教师的指导下解惑。这 10% 的内容除了教师预设外,主要来源于学生在预习时提出的问题。因此,在这个环节中教师要聚焦难点,设计具有坡度的问题,帮助学生层层深入,解决疑难问题,真正做到读懂课文内容,理解课文主旨。

（三）形式探究

可以引导学生随文学习必要的语文知识，如各类词语的作用、短语的结构、几种基本的句式、复句的几种类型等。在此需要强调的是：在学习这类知识时，不能脱离语文运用的实际，而应在学习课文内容的同时有意识地进行渗透，在实践中学习，把知识转化为能力。此外，教师还要引导学生探究作者是怎么表达的：作者是怎样具体、生动地描写人物、景物的；人物的对话有什么特点；作者是怎样处理文章的详略的；怎样选择合适的材料的等。

（四）实践反馈

这个环节可以和形式探究环节结合起来。教师可组织学生进行口头表达训练，如背诵妙言佳句、复述课文、谈谈阅读感受等。还要让学生动动笔，进行书面表达，如模仿课文写段、写篇等。

下面介绍两篇高年级阅读教学示范案例供大家研读，以了解教学的基本框架，在此基础上进行教学实践活动。

案例示范5

☞**教学内容：**

珍　珠　鸟

真好！朋友送我一对珍珠鸟。我把这对鸟儿放在一个用竹条编成的笼子里。笼子里还有一卷干草，那是小鸟舒适而又温暖的巢。

我把它挂在窗前。一盆吊兰的垂蔓蒙盖在鸟笼上，珍珠鸟就像躲进幽深的丛林一样安全。

三个月后，那愈发繁茂的绿蔓里边，发出一种尖细又娇嫩的鸣叫。我猜到，是它们有了雏儿。过不多久，忽然有一个小脑袋从叶间探出来。拨开绿蔓一看，正是这个小家伙！瞧，多么像它的母亲：红嘴红脚，灰蓝色的毛，只是后背还没有生出珍珠似的白点；它好肥，整个身子好像一个蓬松的球儿。

起先，这小家伙只在笼子四周活动，随后就在屋里飞来飞去，一会儿落在柜顶上，一会儿神气十足地站在书架上,一会儿把灯绳撞得来回晃动。渐渐地它胆子大了,竟然落到了我的小桌上。它先是离我较远,见我不去伤害它,便一点点挨近,然后蹦到我的杯子上,俯下头来喝茶,再偏过脸瞧瞧我的反应。后来,它完全放心了,索性用那小红嘴,"嗒嗒"啄着我正在写字的笔尖。我用手抚一抚它细腻的绒毛,它也不怕,反而友好地啄两下我的手指。

白天,它淘气地陪伴着我;傍晚,它就在父母的再三呼唤声中,飞到笼子边,扭动滚圆的身子,挤开那绿叶钻进去。

有一天,我伏案写作时,它居然落到我的肩上。我手中的笔不觉停了,生怕惊跑它。不一会儿,这小家伙竟趴在我的肩上睡着了。它睡得好熟哇!不停地咂嘴,大概在做梦呢!

看着这可爱的小家伙,我不由自主地发出了一声呼唤:信赖,不就能创造出美好的境界吗?

——选自沪教版小学语文五年级(第一册)《珍珠鸟》

☞ **教学过程:**

师:读了课文,在你的印象里,珍珠鸟是怎样一种鸟?结合课文中的描写,用自己的话描述一下。

(**点赞**:这是高年级经常使用的有效的预习检测。整体感知课文,检查学生自学情况,发现学生的学习起点,为下面的学习找准切入口。)

生:我印象中的珍珠鸟长着红色的嘴巴、红色的脚、灰蓝色的毛,后背还长着珍珠似的白点,样子很可爱。

师:你描述的是成年的珍珠鸟的外形。

生:我印象中的珍珠鸟也是红嘴红脚、灰蓝色的毛,只是后背还没有长出珍珠似的白点。它好肥,好肥,好肥……

师:我们知道了,它好肥。(众生大笑)

生:好像一个蓬松的球儿。

师:你这么一描述,肥得还真惹人喜爱了!

生:我印象中的珍珠鸟很调皮,它一天到晚都坐立不定。

师：淘气、调皮，这是小鸟的天性！就像你们一样！

生：我觉得珍珠鸟美丽、活泼、可爱、淘气，好像一个天真的孩子一样，让人喜欢。

师：你把珍珠鸟当孩子看了，你也很可爱！

生：我觉得珍珠鸟能与人和睦相处，很善良。

师：鸟也有人一样的感情。

生：我印象中的珍珠鸟喜欢躲在丛林里，叫声非常好听。它们生活得很自由、很快乐。

师：这是所有的鸟儿都向往的生活。

生：我觉得珍珠鸟是一对一对生活的，好像一对对的夫妻一样，分不开。

师：（惊喜地）你是怎么发现的？

生：课文中讲朋友送我珍珠鸟的时候是一对，而不是一只。说明珍珠鸟是一对一对的。

师：你真会读书，真会思考！

生：我印象中的珍珠鸟是胆子很大的，它敢在主人的家里飞来飞去，还敢站在主人的肩膀上睡觉呢。

生：……

师：同学们说出了自己印象中的珍珠鸟，真好！现在，谁能完整地描述一下珍珠鸟？可以描述一下它的外形、习性以及给你的感受。能说一段话吗？

（**点赞**：语言训练的要求进一步提升，在理解、积累的基础上，要求学生学会运用。老师给学生指明了思维的方向和描写一个小动物的表达方法，在潜移默化中既进行着理解课文内容的训练，又进行着表达的训练。）

生：（练习后）我印象中的珍珠鸟很漂亮，红嘴红脚，有灰蓝色的毛，背上还长着珍珠似的白点。雏鸟很肥，好像一个蓬松的球儿，叫声尖细而又娇嫩，可爱极了。小鸟胆子很大，常常调皮地在主人的屋子里飞来飞去，甚至还会站在主人的肩膀上睡觉呢。我们都很喜欢珍珠鸟。

师：你实际上描述了鸟的外形、鸣叫、习性以及我对鸟的喜欢之情。真好！

生：我印象中的珍珠鸟是一对一对生活在一起的，父母生了一个孩子，也是红嘴红脚、灰蓝色的毛,只是后背还没有生出珍珠似的白点,整个身子好像一个蓬松的球儿,细腻的绒毛摸上去软绵绵的,很舒服。

师:你摸过?

生:没有,但我从作者的抚摩中感受到的。(众生赞叹)

师:这就叫感悟!

生:大珍珠鸟很胆小,常常躲在笼子里,不敢出来。

师:它出得来吗?(众生大笑)

生:它不敢大声鸣叫。小鸟却胆子很大,敢在屋子里飞来飞去,而且还敢站在主人的肩膀上睡觉呢。谁不喜欢这样又美丽又淘气、又活泼又机灵的,像小孩子一样的鸟呢?

师:本来不喜欢的,听你这么精彩地一说,谁还敢说不喜欢呢?(众生大笑)

师:刚才同学们都说,珍珠鸟是一种胆子很大的鸟。是这样的吗?请同学们仔细听一听这句话,你能从这句话中听出珍珠鸟的胆子吗?(师指鸟笼)"我把它挂在窗前。一盆吊兰的垂蔓蒙盖在鸟笼上,珍珠鸟就像躲进幽深的丛林一样安全"。

(**点赞**:敏锐地发现学生的错误并及时纠正,这需要教师充分地钻研文本,也是对学生细读文本、读出言外之意的一种潜移默化地熏陶。)

生:我听出来珍珠鸟的胆子其实并不大。它只有躲进幽深的丛林才会感到安全。

师:课文中描述的是一丛繁茂的吊兰的垂蔓,就像幽深的丛林一样。

生:我也觉得珍珠鸟胆子小。一丛吊兰的垂蔓要蒙盖在鸟笼上,它才会感到安全。

生:我从主人对珍珠鸟这么小心的照料中也可以看出珍珠鸟胆子小。只有胆子小的人才需要人的照顾。

师:这就是会读书!读书就是要读出言外之意,体会到言中之情。这段话既暗含了珍珠鸟是一种怕人的鸟,也包含着作者对鸟的喜欢。现在我们再来朗读这段话,就会有更加深刻的体会,读得也会更有滋味。

(生齐读)

(**点赞**:深入进行理解性语言和运用性语言的训练,要通过分析,理解字里行间的含蓄之意，引申之意，比喻之意。在老师的引导下，学生读出了文本中所蕴含的言外之意，体会到了言中之情。)

师：那么，这原本怕人的鸟，又怎么会胆大起来的呢？我们一起来边读边悟，注意从字里行间体会言外之意，体会言中之情。先看第四自然段，读一读，一共写了几句话？

生：(齐读后)一共写了五句话。

师：谁愿意读第一句话？

生：(读第一句话)起先，这小家伙只在笼子四周活动，随后就在屋里飞来飞去，一会儿落在柜顶上，一会儿神气十足地站在书架上，一会儿把灯绳撞得来回晃动。

师：读得真好！你们从这一句话中能体会到写什么呢？注意这个"只"字。

生：我从这个"只"字中体会到珍珠鸟开始的时候胆子并不大，只敢在鸟笼四周活动。

生：鸟笼就像它的家，一有危险就可以躲到鸟笼里去，躲到它的父母身边去。

生：我也体会到小鸟胆子小，它害怕飞得远了会受到伤害，所以活动范围很小。

师：很有见地！再读读这三个"一会儿"，又有什么发现？

生：我发现小鸟很快就胆子大了些，敢到屋子里活动了。

生：我发现珍珠鸟开始淘气了。它发现没有人伤害它，没有人管它，就胆子大起来了。

生：我从三个"一会儿"发现珍珠鸟非常活泼，就像天真好动的小孩子一样，作者是不会生气的，反而很喜欢的。

师：你还能体会到作者的喜欢之情，了不起！

生：我发现珍珠鸟的胆子是慢慢变大的，不是一下子就大的。

师：你看到了胆子变化的过程，有一双敏锐的眼睛。这句话表现了珍珠鸟活动范围越来越大，胆子也越来越大。(教师板书：胆子越来越大。)现在我们再来朗读，体会这句话的含义。

(生有感情地齐读)

师：读书就要这样，从那些含义丰富的词语、句子中间，体会言外之意、言中之情。

下面几句话,请同学们自己边读边体会。

（**点赞**："只"、"一会儿"几处细读揣摩足见功夫。三个"一会儿"是对于"怕"到"信赖"的梳理,在这一梳理中,明确体会其变化的过程尤为重要。这一阶段的品读层层推进,直入主题。）

（生边齐读边体会。）

师：谁愿意交流自己的读书体会?

生：（读第二句话）我从"竟然"这个词语看出,珍珠鸟的胆子又变大了,出乎了作者的意料。（教师板书：大）

生：（读第三句话）从这句话可以看出珍珠鸟的胆子比刚才还要大,因为现在它敢俯下身子喝作者的茶了。

生：我发现珍珠鸟的胆子尽管大了,可是还是很小心的,是一点点挨近的,不是一下子挨近的。

师：它还有戒心!

生：我从珍珠鸟偏过脸来瞧瞧我的反应看出珍珠鸟其实是在观察我的反应,如果我要抓它或者伤害他,就马上飞走;如果没有什么动静,就喝茶了。

生：我从它偏过脸来瞧瞧我的反应看出来珍珠鸟就像一个想做坏事的小孩子,又想做又害怕主人的样子。

师：你做过坏事吗?

生：没有!（众生笑）

师：其实,这也不是什么坏事,只是它从没有做过这样大胆的事情,所以还是很谨慎,很小心。

生：我觉得小鸟真的很可爱,很好玩。

师：作者也是这么想的!（众生笑）（教师板书：大）

生：（读第四句）到这里,我觉得珍珠鸟的胆子才真正变大了,它再也不怕主人了。

生：珍珠鸟甚至啄我的笔尖,可以看出珍珠鸟完全没有了戒心。

生：珍珠鸟已经对人产生了好感,与人和睦相处了。（教师板书：大）

生：（读第五句）我体会到作者是很喜欢珍珠鸟的,他是很轻地用手抚一抚珍珠鸟的毛的。

生：我从这句话中感受到珍珠鸟的胆子更大了，居然敢啄作者的手指了。

师：产生身体的接触了！

生：我知道珍珠鸟不怕人了。

生：我还从"友好"这个词看出珍珠鸟也喜欢上了主人，它是很喜欢地啄的，不是狠狠地啄的。

师：这个"啄"表示亲切！就像老师拍拍你的肩膀一样（师亲切地拍了拍学生的肩膀），我不是要打你，而是表示我的友好！（众生大笑）

生：我觉得先是作者喜欢珍珠鸟，不伤害它，珍珠鸟才会胆子这么大，才会对主人这么友好的。

师：你有一个智慧的头脑！没有作者的友好，哪来鸟儿的友好？哪来的鸟胆呢？（众生笑）（教师板书：大）

师：你们把这五句话连起来读一读，再想一想，你还会有新的发现，读得也更有感情。

（生自由地、有感情地朗读这一段话）

生：我还发现了珍珠鸟与我越来越亲密了。

生：我还发现作者越来越喜欢珍珠鸟了。

生：珍珠鸟的活动范围越来越大，胆子也越来越大了。

师：真好！看来，我们同学已经真正读懂了。现在，就这样自己读第五、六自然段。

——特级教师薛法根执教

（**点赞**：课开始，薛老师就对学生的预习进行了检测，从检测的内容中不难发现，薛老师在课前对学生有明确的预习要求，而且符合高年级的年段要求：结合课文中的描写，用自己的话描述一下"珍珠鸟是一种怎样的鸟"？学生的回答精彩纷呈。

在学生预习的基础上，语言训练的要求进一步提升，薛老师请学生从鸟的外形、习性以及自己的感受等方面入手，用一段话完整地描述珍珠鸟。这样，既进行了理解课文内容的训练，又进行了表达方法的训练，可谓一举两得！

在学生认为珍珠鸟是一种胆子很大的鸟时，薛老师及时引导学生细读文本："我把它挂在窗前。一盆吊兰的垂蔓蒙盖在鸟笼上，珍珠鸟就像躲进幽深的丛林一样安全。"学生读出了文本中所蕴含的言外之意，从而及时纠正了学生的错误理解，这也是引导学生准确理解语言的一种训练。

在教师的引导下，学生逐步学会了细读，学会了思考，对于文本所蕴含的情感体验越来越深刻。这样的学习单纯而简单，快乐而轻松。佩服薛老师的课堂驾驭艺术！)

（案例提供者：建设小学 黄 琴）

案例示范6

☞ **教学内容：**

律 师 林 肯

林肯是美国历史上的一位总统，他早年当过律师。

有一次，一个叫阿姆斯特朗的青年人被人诬告，说他图财害命。阿姆斯特朗有口难辩，被判定有罪。

阿姆斯特朗是林肯的一个已经死去的朋友的儿子。林肯知道阿姆斯特朗为人老实忠厚，不会干出行凶杀人的事来，便主动担任了他的辩护律师。

林肯查阅案卷，到现场调查，掌握了全部事实。他断定被告阿姆斯特朗蒙冤受屈，要求法庭重新审理这个案子。

林肯心里清楚，这个案子的关键就在诬告人收买的证人福尔逊身上，因为他一口咬定，在10月18日月光下，他在一个草垛后面，清楚地看到阿姆斯特朗开枪把人打死了。

林肯决定在福尔逊身上打开缺口。

在法庭上，林肯直接质问福尔逊：

"你发誓说在10月18日的月光下，看清的是阿姆斯特朗而不是别人？"

"是的，我敢发誓"。福尔逊说。

林肯又问："你在草垛后面，阿姆斯特朗在大树下，两处相隔二三十米，你能认清吗?"

福尔逊肯定地说:"看得很清楚。因为月光很亮,正照在他脸上,我看清了他的脸。"

林肯又问:"你能肯定时间是在11点吗?"

"肯定。因为我回屋里看了时钟,是11点1刻。"福尔逊说得毫不含糊。

问到这里,林肯面向大家,郑重宣布:"证人福尔逊是个彻头彻尾的骗子!"

这个意外的判断,使法庭里的人都愣住了。有人高声质问林肯:"律师说出来的每一句话都应该是有根据的,您有什么令人信服的事实证明福尔逊是个骗子?"

林肯回答说:"证人发誓赌咒,说他10月18日晚上在月光下看清了阿姆斯特朗的脸。可是,10月18日应是上弦月,11点时月亮已经落下去了,哪里还有什么月光?再退一步说,月亮还没有落下去,还在西天,月亮也应该从西往东照。而遮挡着福尔逊的草垛在东边,下面站着阿姆斯特朗的大树在西边,如果阿姆斯特朗面向东边的草垛,脸上是不可能有月光的;如果不面向草垛,证人又怎么能从二三十米外的草垛那里看清楚被告人的脸呢?"

林肯说到这里,整个法庭内一片静寂,接着便骚动起来,终于爆发出雷鸣般的掌声。

林肯用扎实的天文知识揭穿了证人的谎言。阿姆斯特朗被宣告无罪,林肯成了当时美国最有名的律师。

——选自沪教版小学语文四年级(第一册)《律师林肯》

☞ **教学过程:**

第二课时

师:上节课,我们通读了第25课《律师林肯》的第1—6小节,你们能不能看着板书说说这部分的主要内容?

生:这部分主要内容是:原告收买证人福尔逊诬告阿姆斯特朗,法官判定阿姆斯特朗有罪,律师林肯断定他无罪。

师:很好,"断定"、"判定"搞得很清楚。林肯断定阿姆斯特朗无罪是因为林肯不仅查阅了案卷,还——

生：到现场调查。

师：林肯掌握了事实经过，他是有备而来。请翻书到第 87 页，读读课文的第 7—12 小节，找找林肯连发几问？得到了怎样的回答？又为什么要提这些问题？

生：林肯连发三问。

师：得到了怎样的回答？

生：肯定的。

生：毫不含糊的。

师：请你借助提示语来读好对话。同桌两个练一练。

（生读）

师：同学们，如果我们想要把福尔逊的证词并成一段话，要讲清楚哪几个要素，以第一人称的口吻，自己试着说说看。

生：我发誓说在 10 月 18 日的月光下看清的是阿姆斯特朗的脸而不是别人，他在大树下，因为月光很亮，照在他脸上，所以我看得很清楚，我也能肯定当时是 11 点。

师：你把要素都说到了，并且把两个人的位置也介绍清楚了。如果能把两个人的位置间距离说一说，并且语言更简洁一些就更好了。如：什么时候谁在什么地方看到谁。谁再来试试？

生：我发誓说在 10 月 18 日的月光下 11 点的时间，我在草垛后面，看到阿姆斯特朗在大树下行凶杀人。

师：当时……

生：当时两人相距二三十米，但是月光很亮，所以我看得很清楚。

师：从这段话中我们得到了福尔逊完整的证词。

师：此时，林肯郑重宣布：

生：证人福尔逊是个彻头彻尾的骗子。

师：这样的判断也引来了大家的质问：

生：律师说出来的每一句话都应该是有根据的，你有什么令人信服的事实证明福尔逊是个骗子？

师：要让林肯举出有力的证据并不难，因为他查阅了案卷，还——

生：到现场调查，掌握了全部事实。

师：这就是林肯的辩词，自己读一读，看看有几层意思？

生：两层，第一层到"哪里还有什么月光"，第二层到最后。

师：请在相应位置做好记号。再默读第二层，边读边想，有什么不明白的地方，做个记号。

生1：11点为什么月亮落下去了？

生2：上弦月为什么月亮在西天？

生3：为什么10月18日是上弦月？

师：我请教了科技老师，上弦月是可以根据历法推算的。

生1：为什么面向东边的草垛脸上不可能有月光？

生2：为什么上弦月月亮往东照？

生3：为什么阿姆斯特朗面向草垛，证人是看不见他的脸的？

师：接下来我们带着问题来读课文，先来学习第一层，请一位同学来读。

（生读）

师："哪里还有什么月光"的意思就是：

生：根本没有月光。

师：强调"没有月光"。林肯的判断正确么？我们来读一段资料。

（生读）

师：看了资料，能解决刚才的疑问吗？在法庭上听审的人也未必知道，这说明林肯——

生：有扎实的天文学知识。

师：对比福尔逊的证词，林肯要向大家证明什么？

生：福尔逊是不可能从二三十米远看到阿姆斯特朗，因为当天是上弦月……

师：简单说，就是当天晚上——

生：没有月光。

师：那就能证明——

生：福尔逊是个骗子。

师：能读好这段话吗？

（生读）

（**点赞**：在熟悉文本的基础上，要读懂文本，理解文本。教师引导学生通过阅读，借助句式改变、资料补充、联系上下文等方法理解了第一层辩词的意思。）

师：既然已经从正面证明了福尔逊的证词不可信，林肯为什么还要再退一步说呢？带着问题反复读读第二层，通过完成填空、摆放学具来解决问题。

（出示填空：

再退一步说，月亮还在西天，月光应该（　　　　　　）。而（　　　）在东边，（　　　　　）在西边，草垛后躲着（　　　　　　），大树下站着（　　　　　　）。）

生：我是这样填的：再退一步说，月亮还在西天，月光应该从西往东照。而草垛在东边，大树在西边，草垛后躲着福尔逊，大树下站着阿姆斯特朗。

（生摆学具）

师：根据之前的资料，月亮东升西落，要下去前在西边，草垛在东边，大树在西边，草垛后躲着福尔逊，大树下站着阿姆斯特朗。根据填空，图片摆对了。课文中是这样表示的，读。

（生读）

师：复述的时候，两种说法都可以。此时，如果阿姆斯特朗——

生：面向东边的草垛，脸上是不可能有月光的；如果不面向草垛，证人又怎么能从二三十米外的草垛那里看清楚被告人的脸呢？

师：有两个问题：第一，面向草垛，为什么脸上没有月光？

生：因为月亮从西往东照。

师：如果不面向草垛？

生：福尔逊只能看到后背。

师：这两句话就是要告诉我们，无论——

生：阿姆斯特朗面向，还是背向草垛，福尔逊都看不见阿姆斯特朗的脸。

师：第二，再对比福尔逊的证词，林肯的第二段辩词要向大家证明什么？

生：想证明福尔逊看不清阿姆斯特朗的脸。

师：在什么情况下？

生：即使当天月亮很亮，阿姆斯特朗在面向和背向草垛时，福尔逊都看不清他。

师：为什么还要再退一步说？思考一下。

生：我认为万一那天有月光，福尔逊还是有可能看得清的。

生：有些听审者可能不那么了解天文知识，第一层意思解释完可能还不了解，退一步说更能说明福尔逊是个骗子。

师：听懂了么？只有全面考虑才能让人更加信服。林肯用一个假设、两个反问驳斥了福尔逊的证词，能读好吗？

（生齐读）

师：读懂辩词，再来看看林肯的连发三问，林肯问："你发誓？"福尔逊就说："我敢发誓。"林肯又问："你能看清楚？"福尔逊就说："看得很清楚。"林肯又问："你能肯定？"福尔逊毫不含糊地说："肯定。"这样的连发三问目的是为了什么？

生：为了让听审者知道他的证词，再去驳斥福尔逊就更令人信服。

生：我认为连发三问目的是为了让听审人都知道福尔逊的肯定，后来……

师：后来就无法再改变口供。多么缜密的思维！多么精彩的辩词！多么扎实的天文知识！法庭里的人听到这里，"一片静寂"，"静寂"的意思是？

生：安静。

师：人们陷入沉思，回味这段辩词，谁能复述一下？这段辩词分两层，第一层告诉大家当天晚上没有月光；第二层做了假设，如果有月光。我们在说的时候可以借助填空，借助原文的表述，试一试。可以合作来试试。

生：证人发誓说他 10 月 18 日晚上在月光下看清了阿姆斯特朗的脸。可是，那天应是上弦月，11 点时月亮已经落下去了，没有月光。再退一步说，月亮还没有落下去，还在西天，月亮也应该从西往东照。遮挡着福尔逊的草垛在东边，下面站着阿姆斯特朗的大树在西边，福尔逊面向东边的草垛，脸上不可能有月光；不面向草垛，证人根本就不可能从二三十米外的草垛那里看清楚被告人的脸。

师：他们在复述时，都把反问句改成陈述句，变成了自己的语言。有谁能独立完成吗？

生：证人发誓说他 10 月 18 日晚上 11 点时看清了阿姆斯特朗在大树下开枪杀人。可是，10 月 18 日应是上弦月，到了晚上 11 点时月亮已经落下去了，不可能会有什么月光。再退一步说，如果月亮还没有落下去，阿姆斯特朗如果面向东边的草垛，脸上是不可能有月光的；如果不面向草垛，福尔逊又怎么能从二三十米外的草垛那里看清楚他的脸呢？

师：如果能把位置说说清楚更好，谁能不看屏幕独立完成？再请一位同学试试看。

生：证人发誓赌咒，说他 10 月 18 日晚上在月光下看清了阿姆斯特朗开枪杀人。可是，10 月 18 日应是上弦月，11 点时月亮已经落下去了，根本没有什么月光。即使月亮没有落下去，还在西天，月光从西往东照。而遮挡着福尔逊的草垛在东边，下面站着阿姆斯特朗的大树在西边，福尔逊是无论如何也看不到阿姆斯特朗的脸的。

师：他借助了填空中部分内容。当人们琢磨后明白了林肯的证词，法庭里爆发出——

（雷鸣般的掌声）

师：是啊，林肯用他的智慧为阿姆斯特朗伸张正义，洗脱罪名，后来他还成为了美国历史上第 16 任总统。课文学到这里，老师给大家布置三个作业，可以任选两个完成。第一个：根据板书，说说课文主要内容；第二个：用今天学到的方法独立完整复述林肯的辩词。有条件的小组可以合作演一演法庭上的精彩一幕，好吗？下课。

——民办杨浦小学卢燕老师执教

（**点赞**：这是四年级（第一册）第五单元的一篇课文。这一单元的目标是继续练习复述课文，复述属于熟记性语言训练。本课篇幅较长，因此分为两课时。卢燕老师根据课文内容，选取了"林肯的辩词"这一精彩段落，通过让学生摆放学具、参照填空、借助原文等方法详细复述辩词。

详细复述要求学生基本忠实于原文风貌，用接近原文的语言，按照原文的顺序，详细、清楚、连贯地讲述出文章或段落的内容。详细复述要求学生对所复述的课文有较深的理解，并能熟练运用课文中的词语和句子。

由于律师的语言严谨规范，课文中对林肯的一大段辩词写得比较书面化，其中还涉及了不少超出学生已有认知水平的天文学知识。这两点，几乎成为学生当堂完成复述任务的"拦路虎"。为帮助学生读懂辩词，降低复述难度，教学设计时搭了一些"支架"。首先，让学生明确学习目标。学习辩词之前，先将学习任务告知学生，学生们就能够带着目标学习，在老师的帮助下，形成任务驱动。接着，为学生提供学法指导。如在初读辩词后进行分层；通过默读辩词，充分进行质疑；然后，借助资料补充、学具摆放、句式支持等多种方法解决疑问，理解辩词。最后达成复述目标。）

（案例提供者：建设小学 黄 琴）

【挑战三】

四年级（第一册）第 23 课《跳水》要求全文复述，现已将全文分成"猴子逗孩子"（1、2 小节）；"孩子追猴子"（3—5 小节）；"船长救孩子"（6、7 小节）三部分，请尝试运用以上案例中所提到的复述的方法，挑选其中的一个部分在课堂上指导学生进行复述，然后做好课堂实录。

_____

_____

_____

第三单元

写作教学

晏春芬

第三单元

第五课

掌握写作教学的基本功

本课培训内容：学习撰写"下水文"；学习合理地使用习作例文；了解激发学生写作兴趣的方法；学习规范地批改学生习作。

一、写好"下水文"，提高指导能力

要学游泳，必须下水，要教运动员游泳，教练必先下水示范，"下水文"由此引申而来。"下水文"就是根据学生作文的命题或要求，教师亲自动笔写成并用于指导学生的文章，也就是教师写的范文。

写作能力对语文教师的重要性是不言而喻的。要写好"下水文"，教师必须具有一定的生活阅历、丰富的知识存储、敏锐的直觉思维和娴熟的语言技巧。教师勤于笔耕，常写"下水文"，不仅是言传身教，更重要的是通过写"下水文"体验写作规律，在教学中把写作规律和教学规律更好地结合在一起。教师写"下水文"可以大大提高学生写作兴趣，"下水文"丰富的词汇、精彩的描述可以感染学生、陶冶学生。写作时的立意选材、谋篇布局等切身体会，也可以通过"下水文"告诉学生。这种亲身体验使作文指导有的放矢。

为了更好地发挥"下水文"的作用，语文教师在练习写"下水文"时，要注意以下几个方面：（一）符合习作要求。教师在写"下水文"之前，一定要认真研读教材上的习作要求，"下水"的目的一定要明确，要针对重点训练什么、解决什么问题来写。"下水文"的使用要与作文指导紧密结合，从而达到调动学生思维，激发学生灵感，指导学生写作的目的。（二）语言儿童化。"下水文"是给小学生看的，教师要避免用成人的语言去写作。太过于"成人化"的语言学生接受不了，不但起不到示范作用，反而会使他们产生畏难情绪，起到相反作用。教师要力争用学生学过的词句和儿童化的语言去表情达意，从而让学生感到这样的习作亲切自然、可学可用。（三）内容和形式贴近小学生实际。"下水文"是为学生的习作引路的，教师要有意识地站在学生的立场上，从学生的角度着眼着笔。选题和取材，一定要贴近学生生活，有童趣，写的内容最好是小学生日常生活中可以看到的、做到的、想到的。教师可以回忆自己的童年生活或观察学生生活，选取那些发生在学生身边的事情去表现，让学生感到生活处处皆语文。除了在内容、选材上要贴近学生的实际，教师所运用的表达技巧，也要考虑到本学段的作文要求。这样，"下水文"才能引导学生学以致用，用以致熟，熟能生巧，真正地起到示范作用。

二、 合理使用例文，搭建学习阶梯

小学生的习作训练中，教师一般会安排习作例文的学习。习作例文，是学生揣摩和发现表达方法的一种凭借，让学生在模仿与运用之间架起了一座桥梁，有提醒暗示的作用。教师可选择合适的文章作为范例，也可亲自"下水"写习作例文。有时，根据习作训练的需要，可以从不同的角度挑选多篇习作例文。选择了与习作训练目标匹配的习作例文之后，合理使用例文就显得尤为重要。习作例文什么时候和学生见面要特别注意，如果习作例文示范不当，容易产生负面影响，应尽力避免。

出示习作例文，一般有三个时间：第一，在学生写草稿之前。有的教师会说这样可能有一半以上学生跟着教师"依葫芦画瓢"，习作例文就成了束缚学生思维的一条绳索，起不到应有的作用。但是对于学生以前没写过或写得较少的类型的作文，如书信、读后感、建议书等应用文，因为它们有一些格式或写法上的要求，初学时，宜在学生写作前出示习作例文，让他们借鉴写法，帮助他们克服畏惧心理。再如题材相对比较宽泛的话题作文、半命题作文、故事新编等，教师也可以采取这种方式。第二，在学生完稿之后。学生初学作文，有些内容常常会写不具体，表达不出自己的真实感受，有的甚至写到一半就再也"挤"不出下文了。教师可以根据写作难点,出示习作例文的部分句子或一两个段落,这样"扶"学生走一程,学生就会大受启发,有的放矢地对自己的习作进行修改、补充和完善。第三,对学生作文讲评之时。教师批改完学生习作,对学生作文普遍存在的不足有了充分了解。讲评时,对照学生习作中的不足,出示习作例文,进行有针对性的讲评,可以帮助学生认识自己的不足,启发学生更好地修改和提高。

以上几种情况,其指导的侧重点各不相同,教师在教学时可以酌情交替进行,结合学生实际,选择适切的教法,适时指导。

三、 激发写作兴趣,驱动自主探究

长期以来,很多学生都怕写作文,一听到写作文就喊头痛,有的说没东西可以写,有的说不懂怎样写,有的说达不到要求的字数,总是提不起写作的兴趣。

爱因斯坦说过:"兴趣是最好的老师。"学生一旦对作文产生内在的兴趣,他们就会积极主动地去研究,去探求,才会使他们产生强烈的动力,发挥聪明才智,进而养成良好的写作习惯,提高写作水平。因此,激发学生的写作兴趣,是提高学生写作能力的关键。它可以打开感情的闸门,点燃灵感的火花,开拓思维的灵犀。如何激发学生的写作兴趣呢?

(一) 引导建立材料库,为写作提供源泉

作文是学生生活的再现。要让学生有话可说,有情可抒,有理可讲。教师必须引导学生有意识地积累生活素材。教师可有计划地组织开展活动,通过活动的开展,让学生获得情感体验,感受到生活的丰富多彩,作文素材就会多起来。为了激发学生的观察兴趣,便于学生随机观察,还可以让每位学生准备一本观察本,每天将看到的、听到的、印象深的内容随时记下来,并经常组织学生及时观察、交流,拓展观察思路。这样,学生的观察内容就会越来越丰富多样,日积月累,每位学生就有了一个自己的与众不同的材料库。素材多了,就能为学生的个性写作提供取之不尽的源泉。这样也就能避免作文选材上的千篇一律。

（二）设计鲜活的命题，开拓写作内容

传统的作文教学，往往命题单一、死板，如《记一次有意义的活动》、《记我的同学》……这样的命题往往不能有效激发学生的写作兴趣，调动学生的表达欲望。学生在消极的态度下，所写的文章也就显得非常地枯燥，看不出半点的灵性，读不出半点新意。为了增添作文教学的趣味性，同时又不失实用性，教师在布置作文时，要巧花心思，将写作与生活紧密结合，力求命题的新颖。例如：《记我的同学》这个题目可以改为《猜猜他（她）是谁》。作文讲评课也就成了《猜猜他（她）是谁》的游戏活动：能把同学的外貌描写得传神生动的，有奖！这样的写作活动，一下子就能激发学生的写作热情。

（三）善用评价，让每个孩子体验成功

每位孩子都梦想着成功，都期待着鼓励和赞誉。教师要善用评价，激发学生的习作兴趣。教师在分析作文题目时，在讨论选材时，在交流构思时，在习作批改时，在习作讲评时，要善于发现学生情感、思维和语言的亮点，给予学生热情的鼓励、由衷的肯定，让每个学生都能体会写作的成功。在习作讲评时，教师要有意识地扩大鼓励面，甚至把讲评课变成表彰课、鼓劲课，让每个学生都有机会得到表扬，感受成功的喜悦。

教师还可以通过开辟《习作园地》，给学生搭建舞台，把写得好的习作张贴在《学习园地》上，供师生欣赏，定期更换，给更多学生展示风采的天地。也可让学生自编作文集，教师、家长写序言，来激发学生的创作热情。现在，日益发达的网络为每一个学生提供了发挥潜能、展示才华、体验成功的平台。网络的共享性和互动性促进了同学之间、师生之间甚至是学生与家长之间的交流和沟通，使作文成为"活"的语言。教师可以巧用网络，让学生的习作发表在班网上，促进交流互动，优化写作环境。

作文是一种自我精神性的实践活动，它与学生自我心灵活动紧密地结合在一起。我们不能把作文教学仅仅看作是一种模拟性的练习，而应把它看成是个体的自我意识不断提升、人格建构不断完善的过程。在作文教学中，我们要广开生活之源，深掘精神隧道，使学生能够做到关注生活，有感而发，涵养精神，厚积薄发。我们更要激励学生表现自我，尽情地抒发自我情感，叙述亲身经历，描绘内心世界，在写作中融入自我的感受与体验。这样写出来的作文才能烙上学生情感个性的印记，涂上独特心灵的

色彩。

四、 规范习作批改，促进自我完善

习作批改是作文教学过程中不可或缺的重要组成部分，是对教师作文教学预设与动态生成效果最清晰的反馈。高质量的习作批改，能帮助教师发现教学中的成功，发现学生情感、思维和语言的亮点；捕捉教学中的盲点和不足；确定下次作文教学的新起点。正如课程标准所说，批改、评价"不仅是为了证明学生实现课程目标的程度，更重要的是为了改善课程设计，完善教学过程，从而有效地促进学生的发展。""要对知识与能力、方法与过程、情感态度与价值观进行全面评价，以考察学生的语文综合素养。"要充分发挥习作批改的作用，教师在批改时要坚持以下五条原则：（一）批改的真实性。不论是鼓励还是指出问题所在，教师的评语都必须是真诚的，并引导学生在习作中表达自己的真情实感。（二）批改的针对性。要根据每次习作要求的不同，有重点地批改引导。通过一篇习作或者一个阶段的习作批改，解决一两个习作问题。（三）批改的层次性。批改是立体多维的，不仅指点习作技巧，还要进行情感态度价值观的引导；对学生习作方法、习惯也要进行评价。此外，对不同层次的学生习作，要分层次批改，以达到优化的差异发展。（四）批改的全程性。学生习作的批改并不是从习作上交才开始的。教师应当从习作的准备阶段就开始关注，包括材料准备、片断练习、作后批改、修改后的再批。批改应当是贯穿习作全过程的多次、真实、有效的批改。（五）批改的统整性。学生习作批改的方式方法是多样的：有教师批、学生批、家长批，有心灵对话式的面谈，网络评论发帖式的批改，有习作成果评选批改，有简洁快速式的眉批、符号批等。多样化的批改需要教师统整。教师在习作评价批改中，应始终处在核心地位，是习作批改的第一责任人。

习作批改应采用规范的符号，最常用的有以下几种：

删除号：用来删除字、标点符号、词、短语及长句或段落。

恢复号：又称保留号，用于恢复被删除的文字或符号。如果恢复多个文字，最好每个要恢复的字下面均标上恢复号。

对调号：用于相邻的字、词或短句调换位置。

改正号：把错误的文字或符号更正为正确的。

增添号：在文字或句、段间增添新的文字或符号。

重点号：专用于赞美写得好的词、句。

提示号：专用于有问题的字、词、句、段，提示作者自行分析错误并改正。

调遣号：用于远距离调移字、词、句、段及标点符号。

起段号：把一段文字分成两段，表示另起一段。

并段号：把下段文字接在上文后，表示不应该分段。

缩位号：把一行的顶格文字缩两格，表示另起段，文字顺延后移。

前移号：文字前移或顶格。

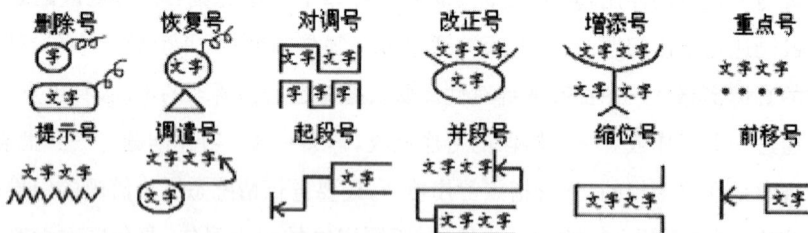

在批改习作时，教师除了规范以上符号之外，一般都有评语。最常用的评语是眉批和总批。眉批原指写在直行书本的眉头的批语，书本改为横书后，一般写在横书的旁侧，故亦名"旁批"。眉批主要解决评价文章的局部性问题，对字、词、句、标点或段落等方面的优缺点进行提示、说明、分析、评定，联系实例给学生提供具体的帮助指导。运用眉批要注意：（一）鼓励性。可用"生动形象"、"有力"、"好"等简短词语提示，使学生受到鼓舞。（二）启发性。引导学生发现问题，寻找分析错误的原因，促使学生积极思考和认真修改。（三）针对性。学生的写作基础有差异，教师要因人而异，根据学生的知识水平、个性特征设计眉批，使不同程度的学生各有所得。（四）知识性。批改是教师对学生作文再次进行具体指导的过程，是教学相长的交接点。学生习作中经常有行款格式不规范或知识性的错误，教师要针对情况，介绍知识，使学生从中吸取教益。总批是总括性批语，是对文章整体上优、缺点的评价语言。总批一般来说是对写作态度、中心思想、段落安排、语句组织、书写等情况进行总体评价。总之,眉批着重于字、词、句、段的具体问题,总批着重于整体评价。眉批是总批的基础,总批是眉批的概括和总结。

教师在批改习作时还要注意:对学生习作的创见,要赞扬;异见,要尊重;误见,要宽容。不写学生看不懂的批语,不写空泛的术语套话,禁止写伤害学生情感的挖苦训斥。做到多就少改,注意启发,让学生自己完善。说到底,习作水平的提高主要靠学生自己,任何人都是无法代替的。

五、 案例示范及技能演练

案例示范 1(下水文)

《我喜欢的一堂课》是沪教版小学语文五年级第一学期的一篇作文,要求学生回忆学习生活,选择自己最喜欢的一堂课写一写,通过具体的事例写出自己喜欢这一堂课的原因。以下是教师根据写作要求写的一篇下水文:

我喜欢的一堂语文课

"叮铃铃",上课铃响了,方老师走进教室。今天,她没有给我们讲课,却给我们讲了一个笑话——《"不讲"和"部长"》。

方老师绘声绘色地讲着,语言风趣,表情夸张,教室里顿时炸开了锅。小陈笑得前俯后仰,真担心他会摔个四脚朝天;小李笑得眼睛眯成了一条缝,脸上的肥肉都皱成了一团,真像一只会笑的肥猫;小邓笑得上气不接下气,大嘴咧着,两颗大板牙格外引人注目;我也忍不住哈哈大笑,笑得眼泪都下来了……

方老师微笑着看着我们。等大家笑够了,方老师一拍手,说:"好,现在进入正题。"她拿起粉笔,在黑板上写下"场面描写"四个大字,说:"大家刚才笑的样子,你都观察到了吗?请模仿《图书馆里的小镜头》里的写法,写一段场面描写,记录下刚才那精彩的瞬间。不同人笑的样子是不同的,让我们比一比,看谁观察得仔细,能把不同人的特点写出来。"

原来，方老师给我们讲笑话，是为了让我们学习写作文啊。这节语文课可真好玩！大家都迫不及待地拿笔写了起来，写得那么专注、那么认真。教室里一片寂静，只听到笔在稿纸上划动的"沙沙"声……

回味着刚才那有趣的情景，我不禁又笑了。很快，愉快的心情转化为文字，跃然纸上。

——开鲁二小晏春芬老师撰写

（**点赞**：这篇"下水文"，教师有意识地站在学生的立场上，从学生的角度着眼着笔，选取贴近学生生活的素材来写：方老师的语文课生动活泼，令"我们"兴趣倍增，大家在轻松快乐的氛围中学习作文。整篇"下水文"语言表达规范，用词准确，采用儿童化的语言表情达意，富有童趣。文中所运用的表达技巧——场面描写，也是这一学段的学生刚刚学过的。生动的描写，把课堂上快乐学习的场面细致地表现了出来，凸显出这篇作文的写作重点。这样的好范例，自然会让学生感到亲切自然，可学可用，有效激发学生的灵感和写作欲望。）

【挑战一】

请根据以下作文题目和要求写一篇"下水文"：

题目：我战胜了

要求：

1. 同学，你害怕过吗？你有感到孤单的时候吗？你有没有被烦恼折磨得像热锅上的蚂蚁一样的经历？你又是怎样战胜它们的？请选一件反映你战胜害怕或者类似心理的事情写下来。

2. 要把事情的经过写具体，写出自己的真情实感。

——选自沪教版小学语文四年级（第二册）

为了帮助小朋友养成讲卫生的习惯，耿新华同学编了一个童话故事——《肚子再也不疼了》。苏教版三年级（第二册）的语文教材《习作 8》中选用了这个故事，要求学生模仿例文，从四幅图片中选择一幅，展开合理想象，编写童话故事。

1. 习作例文

肚子再也不疼了

耿新华

小花猫不讲卫生，手上、脸上经常脏兮兮的，别人送给他一个外号——"脏咪咪"。

一天，小花猫满头大汗地从外面跑进来，叫着："妈妈，我饿极了！有吃的吗？"他一见盘子里放着鲜鱼，抓起一条就往嘴里送。妈妈一把将鱼夺下来，拉着小花猫到卫生间洗手。小花猫不情愿地跟在后面，嘟囔着说："我饿了嘛，我饿了嘛……"

一天晚上，小花猫的肚子忽然疼了起来，疼得他在床上直打滚儿。猫医生一检查，是寄生虫在作怪。医生对小花猫说："病从口入。这都是你吃东西不讲卫生造成的。吃了药，虫子排出来就好了。今后，不要吃脏东西，饭前便后要洗手。"

小花猫按照猫医生说的去做了。从此，他的肚子再也没疼过，身体也结实了。

——选自苏教版小学语文三年级（第二册）《习作 8》

2.《习作 8》作文讲评课教学实录

师：拿到你的作文，你想知道老师是依据什么标准来评价你的作文吗？我们来看书上 147 页耿新华同学写的例文——《肚子再也不疼了》。在看例文之前回想一下，你编了一个什么故事？编这个故事的目的是什么？

生：我编的故事是小猪喜欢吃糖，后来牙疼，在牙医生的帮助下改掉了坏习惯。这个故事就是告诉那些特别喜欢吃糖的同学，要能改正不好的习惯。

师：编童话故事，就是来劝诫有这样或那样不好的习惯的人改正过来。老师请4位同学读"例文"。

师：老师先来读题目：肚子再也不疼了。听了老师的朗读，你的脑袋里冒出个什么小问号呢？

生：肚子疼痛是什么原因引起的？

生：是谁的肚子疼了？后来怎么不疼了？

师：一个题目就有了这么多问号。当你听别人或自己读文章的时候，要善于思考，否则仅仅听了一遍，大脑里是不会留下什么印象的。

（生读完第1节）

师：知道小花猫有什么不好的习惯吗？

生：不讲卫生。

师：别人送给它一个外号——"脏咪咪"。它的外号是怎样得来的？读了第二节的事例就清楚了。

（生读第2节）

师：（插话）请画下"一天"这个词语。别人一看到"一天"这个词语，就知道要讲故事或举例子了。

（生读完第2节）

师：大家看，这一段既交代了"脏咪咪"这个外号是怎么来的，又告诉了我们故事的起因。

（生读第3节）

师：（再次插话）请划下"一天晚上"这个词语。我们常听大人讲故事，说"从前，大山里……"这个"从前"就是讲故事的开端。

师：这一段出现了"猫医生"，在故事里是属于主要人物，还是次要人物？

生：次要人物。

师：尽管是次要人物，但离了它，故事就不能向前发展。文章用猫医生的话告诉他人不讲卫生的后果，这就是故事的经过。

（生读第 4 小节）

师：文章告诉我们小花猫改掉了不好的习惯没有？

生：改掉了。

师：这就是故事的结果。受到这篇习作的启发，想一想老师会用哪些标准来评价你的作文？

生：从故事的"发生"、"经过"、"结果"来评价。

生：表示时间的词。

生：劝告的话。

生：表示动作的词。

生：主人公。

生：有什么意义。

生：中心句。

（生说后，教师有选择地到黑板上写下来）

师：老师确实是按照这里的一些标准来批改、评价同学们的作文的。老师在"等第"的下面留有"括号"，那是让你填上分数的。我们来看看你的"等第"，到底是多少分。

（生拿笔给自己打分）

师：凡是在文章开头介绍了人物的外号的，可加 20 分。因为它介绍了故事的起因。

师：（指黑板上的板书）"故事的发生"要放在"结果"的前面。故事的发生需要有别人劝告他，所以老师这里的评价标准是：有说话的可得 40 分。

师：说话，有一人说的，也有两人说的。两个人一说一应的，叫"对话"。

（师请一生读习作例文中的对话部分）

师：下面就是"结果"了。只要在结果讲明改正了那个不好的习惯，就可以得到 30 分。

（师删去黑板上的"中心句"）

师：中心句是我们三年级课文中出现的重要写作手法，但在书上的例文中并没有出现，因此，不是本次习作评价的内容。（师随后"把句子写精彩"等内容删去，并说原因）

师：凡是文章前面有"题目"的给自己加 10 分，题目千万不能没有。有的同学在考试的时候，老是丢掉，失了不少分呢。

师：谁来说一说题目？

生：蛀牙的灾害。

生：终于吃饭了。

生：小猪不吃糖了。

师：从一个题目就知道你写什么，真不简单！文章贵在含蓄，那些吸引人往下读的题目最有魅力。

师：算算，自己得了多少分？

生：（雀跃欢呼）90——！100——！

师：还有一个项目可以给你加分的。写童话故事离不开人物，人物有主要人物，还有次要人物。有主要人物的就加上 40 分，有次要人物的再加上 20 分。

（一生读文，品评人物）

师：你们编了一个个精彩的童话故事，我想周围同学还有许多不好的习惯，不如你们再编一个小动物改正不良习惯的故事吧。

——特级教师宋运来执教

（**点赞**：习作"例文"如何用？一般较常用的教法是：在习作前或习作时让学生学习"例文"，先知道写法，然后再写作。然而带来的弊端是全班学生的文章大多像是"例文"的翻版，没有了个性。上述实录中，宋老师是在学生写成文后，再带领学生学习"例文"的。他先让学生说说自己的文章是怎样写的，然后再看看书上的"例文"是怎样写的。经过自己的文章与例文写作的比照，学生看到了自己作文的成功或不足之处。品评"例文"的写法，知道例文是如何表达的，并引导学生明白教师批改作文的依据是什么。宋老师采用的是"先写文，后明法"的体验式写作指导思想，结合习作例文，进行有针对性的讲评，可以帮助学生认识自己的不足，更好地修改作文和提高作文水平。）

【挑战二】

请根据以下作文题目和要求，找一篇合适的习作例文，并写写在写作教学中如何合理地使用：

题目：小宠物

要求：

1. 选择自己最熟悉、最喜爱的一种小宠物写一写，自拟题目。

2. 要从几个方面把小宠物的外形写清楚。注意写的时候要按一定的顺序。

3. 学会抓住小动物的外形特征，把它与众不同的地方写清楚，其他略写。

4. 通过记叙饲养小宠物过程中发生的事，或者关于这个动物的有趣故事，表达自己的喜爱之情。

——选自沪教版小学语文三年级（第二册）

案例示范3（激励）

独具特色的"管式"激励

管建刚老师用办报的方式来激励学生写作，学生的写作热情高涨。他独特的"管式"激励值得我们学习。

第一种是"等级评奖"。学生每发表一篇作文，就发一张"刊用纪念卡"。所谓"刊用纪念卡"，即普通的名片纸，卡上印上一段激励的话。凡获得3张"刊用纪念卡"的学生，可以换取一张奖状，名为"作文新苗"奖。得到"作文新苗"奖之后，方可在班级作文周报上发表5篇文章，获得"作文小能手"称号。获得"作文小能手"称号之后，再发表7篇文章，获得"班级小小作家"称号。最高奖是"班级诺贝尔文学奖"，要获得这个奖，需要在班级作文周报上刊出 2—3 个"小作家专栏"，并且在学校以外的报纸杂志上正式发表文章 1—2 篇。获得"班级诺贝尔文学奖"的同学，有资格出版一期"个人专刊"。所谓"个人专刊"，即这期周报上的所有文章都出自这名学生之手，面向全校发行。

第二种是"积分活动"。所谓"积分活动"，是指学生在《评价周报》上每发表一篇习作，就获得一张相应的积分卡。如学生甲发表的作文合计 491 字，就获得 491 分的积分卡，学生乙发表的作文合计 941 字，则获得 941 分的积分卡。积分卡也就是名片纸，印上如下的话："祝贺您在第×期作文周报上发表了文章！据统计，您的这篇文章获得×分的积分。期待您再次写出精彩之作，祝愿您在下一次获得更多的积分！"学生写作一学期，积分卡上累积的分，是他"素质报告单"上"作文"项成绩的决定性依据。不但有积分，还有扣分。每一期《评价周报》出版后，都有 4 人小组对报上的作文进行评审，一旦出现病句、错别字，就会扣分。这个 4 人小组由班上同学轮流担任。

第三种是"'稿费'活动"。如果说"发表文章"是"精神"鼓励的话，那么稿费就是"物质"刺激。办班级作文周报，本质上是模拟成人世界的真实写作方式与状态，从而端正学生写作动机，激发学生写作动力。管建刚发给学生的"稿费"不是真"钱"，而是一张模拟稿费单。名片纸上盖上"《评价周报》第×期稿费×元×角"字样的章就行。"稿费单"有什么用？换课外书。

学生写"每周一稿"的劲头超出了管建刚的预想。越来越多的同学一周写几篇稿子，说老师不看我功劳，也看我苦劳，总得帮我发表一篇吧。无论是选稿前的修改，还是录用后的修改，学生修改的劲儿比"积分活动"时更炽热。

——选自管建刚老师的《班级报纸掀起"作文革命"》

（**点赞**：管建刚是全国著名特级教师。管老师以作文教学为语文教学的突破点，以"文心"技巧为作文教学的第一要务，培育学生写作上的发表意识、读者意识、真话意识和作品意识。他认为写作兴趣和写作意志是作文教学的核心要素，写作兴趣是写作的第一能力，写作意志是写作的第二能力，让学生有兴趣写、有意志写是写作教学上的最最重要的事情。

管建刚的"作文教学革命",其核心就是办一张班级作文周报。从这个案例中,我们可以感受到独具特色的"管式"激励是如何激发学生高涨的写作热情的。)

【挑战三】

　　思考:管建刚的成功案例给你怎样的启发?你有什么激发学生写作兴趣的"金点子"?

_____

_____

_____

案例示范 4（批改）

题目:《小鸭子得救了》(看图作文)。

要求:

1. 这是一篇看图作文。写作之前,应该先仔细观察画面,看清楚图上画着哪些动物,它们之间发生了一件什么事。这幅画面上的内容,主要是告诉我们:当小鸭子掉进坑里之后,猴子、小熊、大象和小鸟都急着想办法救自己的伙伴。至于它们想的是什么办法,就要求大家仔细看图,看清这些动物的神态和动作以及周围可以利用的物品。有了根据,想象才会合情合理。

2. 写的时候可以用"动物们在森林里玩,小鸭子不小心掉进一个坑里"作为开头,接着写大家是用什么办法救小鸭子的,最后写小鸭子得救了。

3. 救小鸭子这部分内容是重点部分,要按一定的顺序把动物们救小鸭子的办法和结果写清楚。

——选自沪教版小学语文三年级(第二册)《小鸭子得救了》

☞ **教师批改：**

优秀 3/19　　　小鸭子得救了

　　一个晴空万里的早上，几朵白云悠悠地飘着。动物们在森林里兴高采烈地做游戏。

　　忽然，小鸭子一不小心掉进坑里了。它惊慌失措地大声呼喊："救命啊！救命啊！"正巧被两只小鸟看见了，它们焦急地呼喊："小鸭子掉进坑里了！快来救它呀！"小猴讯闹（讯）急匆匆地赶来。小猴看到一根长长的树枝，它急忙把树枝折断，（然后小猴）把身子倒挂在一根又粗又壮的树

（左批注）祥化失指"惊慌失措"写出小鸭子掉进坑后的惊慌紧张

（左批注）讯

（左批注）删去后语言更简洁明了。

`12×15  37`

杆上。它把树枝伸了下去，可是小鸭子嘴巴太扁，咬不住。小鸟扑打着翅膀急得不知所措。

　　就在这时，大象甩着长长的鼻子，扇着耳朵，迈着沉重的步子赶来说："让我来试试吧！我的鼻子既长又结实，让小鸭子顺着我的鼻子爬上来吧！"说完，大象就把鼻子伸进坑。可是坑太深，大象的鼻子还是够不着小鸭子。

　　正当大家束手无策时，小熊拎着水桶路过这里。看

（左批注）"急得不知所措"描绘出救小动物之间的相互关心，对小鸭子的危险非常焦急。

（左批注）"束手无策"词用得好，说明救小鸭子的难度较大。

`12×15  37`

到 这 一 情景（它）灵 机 一 动：小 鸭
会 游泳，我 用 水 把 坑 灌 满，
小 鸭子 不 就 浮 上 来 了 吗？于
是，小 熊 拎着 一 大 桶 水 倒 进
坑 里。可 是 坑 太 大，仅 凭 小
熊 一 人 拎 水 太 慢。于 是 大
象 也 用 鼻 子 吸 水 往 坑 灌 大
家 齐心协力 终于 把 小 鸭 子 救
上 来 了。大 家 高 兴 地 围 着 小
鸭 子 跳 起 来 了。

评语：
你 认 真 观 察 图 画，展 开
了 丰 富 的 想 象，合 情 合 理 地
写 出 了 小 动 物 们 救 小 鸭 子 的
方 法，并 把 它 们 在 救 助 小 鸭

（眉批）缺少主语"它"
往坑里灌水后小鸭子情况怎样呢？这里应加补写。
"得"
还一会儿，小鸭子浮上来。

子 时 的 动 作、语 言 及 心 理 活
动 描 写 得 很 生 动，很 形 象。
结 尾 处 的 "齐 心 协 力" 一 词，
更 是 说 明 面 对 困 难 要 互 相 帮
助，才 能 解 决 困 难。

——开鲁二小方儒雯老师批改

（点赞：教师在批改《小鸭子得救了》这篇习作时，能用欣赏之语，激发学生的写作兴趣；用点拨之言，指导学生写作方法。在总批中，不仅对学生作文的内容、写作方法进行了评价，还包含了对学生后继作文学习环节及内容的引导。在眉批中，有针对性地指出句段中的问题，使学生明确改进的要求；对学生写作的成功之处，教师使用鼓励性的语言，让学生看到自己的闪光点，激发写作积极性。）

【挑战四】

以下是一篇四年级学生的习作，请你对照课程标准中的年段目标，对这篇习作进行批改，注意用好规范的批改符号：

题目：我战胜了。

要求：

1. 同学，你害怕过吗？你有感到孤单的时候吗？你有没有被烦恼折磨得像热锅上的蚂蚁一样的经历？你又是怎样战胜它们的？请选一件反映你战胜害怕或者类似心理的事情写下来。

2. 要把事情的经过写具体，写出自己的真情实感。

3. 语句通顺，有适当的心理活动描写，字数不少于400字。

——选自沪教版小学语文四年级（第二册）

☞ 批改学生习作：

我战胜了胆小

　　我是一个普普通通的小女孩，却因为很胆小成了一个"特殊群体"，让爸爸妈妈很头疼。因此我爸爸妈妈决定让我当家作主——从上午十点到下午三点在家做饭、写作业和洗衣服。"耶！终于摆脱了家长的唠叨了。"我心里暗想着。

　　爸爸妈妈一出门，我欢天喜地坐在电脑桌前打起了电脑。"叽叽，叽叽，什么有声音？"我被吓了一下，我一看窗外，"哦，两只小鸟，原来是小鸟啊！"我拍拍胸说。

　　我想：应该写作业了吧。我走到桌前

……的椅子上打开作业本写起了作业，又过了一个小时，作业写好了吧。我因该做饭了。做饭太麻烦了，还是到外面吃吧。我想好了，穿上外套、穿好鞋子、拿好钥匙，现在站在门口。它怎么……

我一看钟——十二点半了。万一它吃了我怎么退。我立刻把钥匙往脖子上……它能叫一声。我心想：勇敢一点，没什么可怕的！我鼓起了勇气，飞快出了小区，回家了。

我看见狼狗对着我大声大叫，吓得我怎么办？我想：万一它吃了我怎么办？它由不由自主的把我往后退。我突然看见暗暗的柱子上绑着一条大狼狗，它对自己的势力范围好好吃饭，我对自己说："勇敢一点，没什么可怕的！"我终于壮了壮胆，敢……

我越想越害怕。我上前一动，它不来咬我，原来它是……钱面一扑，办这原来起有地跑到家的椅子上打动……

我鼓起勇气跑过门口。今天睡了一觉，醒来后爸爸妈妈已经回家了，我美滋滋的。妈妈说："我们家雯雯长大了呢！"我也害羞的说："谢谢妈妈，我一个人在家里，都不怕了。"

终于，我战胜了胆小！

第六课

写作教学课例研读与实践

本课培训内容：研读名家写作教学课例，初步了解看图作文、命题作文、材料作文的教学方法以及作文讲评的基本方法，然后进行教学实践。

根据课标精神，我们知道写作教学应贴近学生实际，让学生易于动笔，乐于表达，应引导学生关注现实，热爱生活，积极向上，表达真情实感。低、中年段可从写话、习作入手，以降低起始阶段的难度，重在培养学生的写作兴趣和自信心。随着年段的升高，进一步培养学生留心观察周围事物的习惯，有意识地丰富自己的见闻，珍视个人的独特感受，积累习作素材，写简单的记实作文。写作知识的教学力求精要有用，应抓住取材、构思、起草、加工等环节，指导学生在写作实践中学会写作。重视引导学生在自我修改和相互修改的过程中提高写作能力。我们在本单元中为大家介绍各年段写作教学的基本框架，提供一些教学案例给大家研读，此外，我们还设计了技能演练实践活动，让大家在实践中初步掌握写作教学的基本课型结构。

一、看图作文教学课例研读与实践

看图作文就是根据画面提供的内容，发挥想象，用文字叙述一个完整的故事；也就是先仔细观察图画，然后根据图画的内容或意思来写一篇作文。学生从小就熟悉看图识字、看图说话，看图作文是这一形式的延伸，即按给定的图画内涵和命题要求写作文。图画可以是单幅，也可以是多幅，一般为简洁明快的漫画。有的有文题，有的需自拟文题;有的一题一作,有的一题两作。小学生的看图作文一般是写记叙文。在现行的教材中,低年级的起步作文训练大多是从看图作文开始的。

那么如何写好看图作文呢?可以概括为"仔细看"、"认真想"、"从说到写"。

(一)"仔细看"——训练观察能力

看图作文,图画就是作文的依据,因此,首先要把图画的内容看清楚。画面上画的什么人、什么时间、什么地点、人物之间的关系怎样,都要弄清楚,不能漏掉一个细节。观察的方法一般是由上至下或从左至右,从人到物或从景到人。观察有序,写出的文章才能有条理;观察细致,才能发现生动的情节和感人的细节;观察全面,写出的文章才能完整;分清主次,写出的文章才能重点突出、详略得当。

每一幅画的设计和布局都有一定的目的。画意就是思维的定向,画意把握准了,写作思路才不会偏离。观察画面时,还要指导学生认真思考画面所反映的中心思想。揣度画面的中心思想,可以从三个方面入手:一是从图画的标题去看,有的标题就是图画的主题;二是从图画的文字说明去看;三是从画面所描述的人和事及其关系中去分析。只有抓住中心,写出的文章才能符合看图作文的要求。

(二)"认真想"——培养想象能力

看图作文所展示的往往是事件的某一部分,"一瞬间"的情景。作文时要引导学生依据画面的意思,展开合理的想象,使图上那些静止的人物、景象"活"起来。单幅图比多幅图更具有宽阔的想象空间,但指导起来单幅图作文比多幅图作文难度更大,指导时要抓住画面所展示的内容,从"瞬间"的情景,引导学生们先想事情的原因,后想结果。让学生跳出画面的小圈子,由画面内向画面外延伸,拓宽想象的空间,把画面外必要的内容补充进来,由表及里地把单幅图想象成多幅图,勾勒出事件的基本情节,为完整表达画面意思创造条件。

(三)"从说到写"——培养表达能力

低年级同学主要是形象思维,跳跃性很大,因此,表达起来往往缺乏条理性和连贯性,说起话来常是前言不搭后语或重复啰唆。在教学过程中,可以先提供一些基本句式让学生选择说完整的句子;接着,要求联系图画说得更清楚、更完整些;然后引导学生试着将几个句子说完整;最后将几句话连在一起说说。教学中,应该注意以下三点:一是要求说得有头有尾,要遵循一定顺序;二是要有基本内容,不要丢掉重点;三是鼓励在语言表达上有独到之处的学生，启发学生大胆思维、想象、发言（表达）。然后，教师组织学生在说清楚图画内容的基础上再将句子写下来。

案例示范 1（看图说话、写话）

☞**教学过程：**

1. 导入

亲爱的同学们，你们好！今天，窦老师要和你们一起看图说话。"看图说话"是我们升入高年级学习写作文的桥梁。我们常说生活就是作文，我们平时看到的一幅幅画面表现的就是生活中的情景。当然，画面的种类还有好多好多，比如街头的广告牌、生活照片、漫画以及你在镜头前看到的老师和你上课的画面等。不信？我们就看几幅图。我们可以发现，这些画面可以是一幅或几幅，可以是静止的，也可以是动态的。你们看，这是一本书的封面，画面表现的是可怜的大树尽管只剩下一片叶子，这个孩子也要想尽各种办法把它摘下来，唉！

你们再看，这是你们非常喜爱的《猫和老鼠》的漫画，小老鼠的恶作剧，让猫摔成了这个样子。

　　如果我们学会了观察图画，就完成了观察生活的第一步，而学会了观察生活，就迈出了写出生活的第一步。可见，学会看图说话是学习观察生活、更好地表达生活的重要方法。

　　2. 认认真真看

　　"看图说话"的第一步就是"看"，怎样做到"认认真真"看呢？让我们结合二年级（第二册）教材上的一幅图画来谈一谈。（多媒体显示图画）

　　（1）观察单幅图

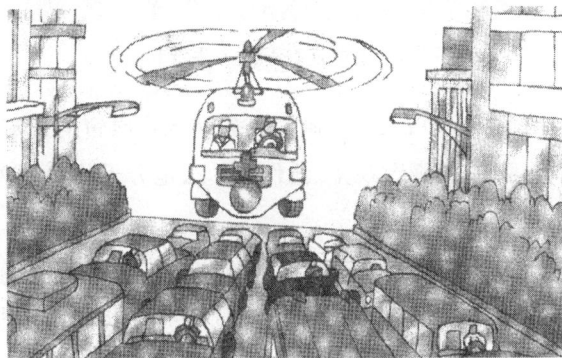

　　我们看看这幅图。这幅图最能引起你注意的是什么？（生答）对了，就是这辆救护车。那么，这是一辆什么样的救护车？请同学们仔细观察。（生答）噢，上面有螺旋桨。

我们再观察图画的其他部分，看到图上画的是城市街道的一个场景。一排排的汽车挤满了街道，原来交通堵塞了。通过这样观察，请同学们把交通堵塞和救护车上的螺旋桨结合起来想想，看你想到了什么。（生答）

对啦，原来这是一辆多用救护车。它可以在交通堵塞的情况下腾空飞起，迅速飞到医院，及时抢救病人，多好的救护车呀！

通过刚才的观察，我们体会到画面内容的重点突出的时候，我们会从这个重点看起，然后再结合画面表现的其他内容，就从整体上了解了图画的意思。好，下面，我们就按照这样的方法练习观察图画。

（多媒体显示照片）

两个小朋友在草地上喝饮料

照片中最显眼的是什么？我相信，画面首先映入你眼帘的肯定就是这两个小朋友。抓住了照片中的重点，再细致观察，他们在什么地方干什么？这样就明白了：他俩是在草地上喝饮料。

当然，你们还要进一步有顺序地观察，可以先观察左边的小朋友，也可以先观察右边的小朋友，看看他俩的动作怎样，表情怎样。你还可以观察他俩的周围，了解他俩在怎样的环境中喝饮料。

另外，有些单幅图，画面的内容很多，不可能一下子就从图画中最醒目的地方看起，比如，这幅图（多媒体显示图画）——

秋景图

这时,我们要从图画的整体看,这样你就知道这是一幅秋景图。所以,对类似于这样的图画,我们就要先看整幅图大概是什么意思,然后,再按照一定顺序细致观察图画中都有什么。这也是观察内容复杂的单幅图画的方法。

就像我们刚才说的那样,我们看见的图画,是生活中的照片,只是记录了生活中的一个侧面、一个瞬间,所表现的内容当然是有限的,这就要求我们在看到画面的内容时,还要加以联想和想象。我们可以从画面中人物的动作、表情,想象出他们心里想的是什么。比如,从刚才那两个小朋友的表情中,我们可以想象他们会说些什么。

我们可以根据画面的内容想象出另外一个故事,当然,也可以从画面中扩展出许多生动的情节,使故事更加丰富有趣。比如,在这幅图中我们看到的是 5 个手指兄弟托起了一个皮球。

(多媒体显示图画)

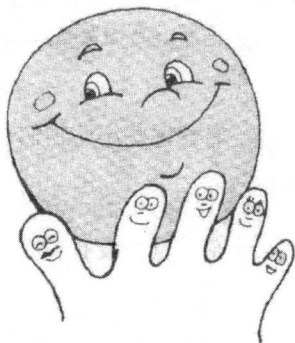

再细致观察时,就看到每一个兄弟微笑的表情。在这个地方,你会想:它们为什么这么开心? 我们可以想象到刚开始这 5 个兄弟谁也不服谁,都觉得自己最了不起。可是,拇指单靠自己托不起皮球,中指和食指也托不起皮球。最后它们明白了生活中离开谁也不行,只有团结合作才行。

下面还要考考你们的想象力(多媒体显示图画)。

一看就知道,这幅图画的是笼中的一只鸟把蛋下在了笼外。请你想象,这只鸟为什么要把蛋生在外面? 也许你们会想象到鸟妈妈这样做是希望自己的孩子不再像自己一样被关在鸟笼子里,失去自由的生活。也许你们还会进一步想象下去,这只鸟妈妈的愿望能实现吗? 鸟蛋的命运会如何? 如果落在地上会怎样? 被别人捡到又会怎样? 你看,只要你们大胆想象,就会想象出画面以外的东西。

不过,不管怎样,你都要"结合画面来想象,结合生活来想象"。

(2) 观察多幅图

刚才和大家讨论的是怎样观察一幅图,并加上适当的想象。那么,多幅图我们怎样观察呢? 你们一定会说,那就一幅图一幅图地看呗。那我再问你们:每看一幅图的时候怎么办呢? 聪明的你们马上会说,就和刚才我们学习的看单幅图的方法一样呗。对了。请看下面的一组图(多媒体显示组图):

先看第一幅图,画面最突出的就是一个小朋友在向另一个小朋友炫耀自己的玩具

枪——"你有吗?"再看第二幅图,突出的还是这两位小朋友,不过不同的是左边的小朋友又拿出美国巧克力炫耀——"你有吗?"好,我们继续看最后一幅图。相同的还是这两位小朋友;不同的是,这一回右边的小朋友拿出成绩优秀的试卷问左边的小朋友——"你有吗?"

当我们一幅一幅看明白图画的内容后,要注意观察3幅图之间的联系或者区别,然后再把这3幅图的内容相加,最后的和就是这3幅图整体要表达的意思。明白了整体的正确意思,我们可以再走进每一幅图,细细观察两位小朋友的动作以及表情等。

这里还要强调的是,不管是观察单幅图,还是观察多幅图,我们都要根据图画的特点,可以"先看重点,再看其他",也可以"先看整体,再看重点"。

3. 清清楚楚说

接下来,我们再重点谈谈"看图"后怎么"说话"。其实很简单,怎么看的,怎么想的,就怎么"清清楚楚说"。

下面,我们重点围绕这幅图来练习说话(秋景图):

秋景图

请仔仔细细看图上都有什么。

（1）下面，试着用这样的句式把你们看到的说一说：图上有……有……还有……。（你可以先说天上有白云，有小鸟，还有大雁；也可以先从地上说起。）

我们还可以用这样的句式来说：秋阿姨给我们带来……带来……还带来……。

（2）这次，我们提高要求，再试一试：

图上有（　　）的_____，有（　　）的_____，还有（　　）的_____。

秋阿姨给我们带来（　　　）的_____，带来（　　　）的_____，还带来（　　）的_____。

看，我们祖国的语言多么丰富，观察到的内容可以用不同的语词（句式）说出来。

（3）再观察，秋阿姨来到了什么地方？用下面的句式说说看：秋阿姨来到……来到……也来到……。（按照怎样的顺序说都可以）

（4）就这个句式，我们再提高一点难度：秋阿姨来到田野里，把哪些宝贝送到田野里了？秋阿姨又来到果园里，又把哪些宝贝撒在果树上了？可以任选一句说一说：

秋阿姨来到田野里，她把金黄的稻谷送给辛勤劳动的农民伯伯。

秋阿姨来到果园里，_____。

秋阿姨来到草地上，_____。

（5）如果你是可爱的秋阿姨、大雁或者小朋友，看到这样的景象，你会说什么呢？

秋阿姨说：_____。

大雁说：_____。

小朋友说：_____。

（6）如果把你们刚才说的连成一段话来说说怎么样？下面我们就来听听一位小朋友说的一段话：

秋风起了，天气渐渐凉了。秋阿姨带着丰收的礼物来到田野里，来到果园里，也来到草地上。同学们愉快地跟老师去郊外游玩。蓝蓝的天空一望无边，几朵白云有时像一群白兔，有时像几只绵羊。农田里，有金黄的稻子、红红的高粱，还有白白的棉花。农民伯伯在田里收割庄稼，看着籽粒饱满的稻田，他们笑在脸上，甜在心里。同学们有的在草地上打滚儿，有的忙着逮蚂蚱，有的向着蓝天亮开了嗓子。大家奔跑追逐，笑着，喊着，多开心哪！秋阿姨看到同学们高兴的样子，开心地笑了。

你们觉得这位小朋友说得怎么样？你们看，他用自己的眼睛看，用自己的头脑想，更重要的是，这位小朋友把自己放到了图画里面，那个在草地上打滚儿的小同学说不定就是他呢！因此，我们在说话的时候，要走进图画的情景中，这样说的话不但生动、有感情，而且富有生活气息，会显得更自然、亲切，听起来很舒服。

4. 工工整整写

既然会说了，就会写，也就是怎么说的就可以怎么写下来。但是，我们要做到——工工整整写。

不知不觉，已经要下课了。怎么样，今天的学习快乐吗？当你们走向高年级的时候，相信"看图说话"这个帮你们写作的桥梁会让你们更好地表达生活。小朋友们，再见！

——选自《听窦桂梅老师讲课》

（**点赞**：生活就是作文，要写好作文当然要用心观察生活。看图与生活有什么关系呢？窦老师娓娓道来：原来我们平时看到的一幅幅画面表现的就是生活中的情景。学会了看图说话，也就开始走进生活了。看图说话，"认认真真看"是基础。窦老师有条不紊地引出了单幅图和多幅图怎样观察，强调所观察到的图画只是记录了生活的一个侧面、一个瞬间，这就要求我们加以联想和想象，想象出更多个故事来。

接下来，窦老师选择一幅图重点指导"清清楚楚说"，即要有一定方法且有一定顺序地说。首先，窦老师提供一些句式让学生选择说完整的句子；接着提高难度，要求联系图画说得更清楚更完整些；然后引导学生再试着将几个句子说完整，且试着在说的同时将角色定位为图中的秋阿姨、大雁、小朋友；最后老师引导学生将几句话连起来说。在"清清楚楚说"的基础上，"工工整整写"自然水到渠成。）

【挑战一】

请仔细观察右边这幅图，撰写一份看图作文的教学方案。

_____

_____

_____

_____

_____

_____

二、命题作文教学课例研读与实践

命题作文一般分为全命题作文和半命题作文。

全命题作文的标志是有一个完整的题目，学生必须以这个题目为作文的标题，一个字都不能改动。半命题作文的题目则是不完整的，限定一半的内容，留出一半的内容由学生自行填写。半命题作文比全命题作文的灵活度要大得多，从本质上说它只限定了一个写作范围，而把选材、立意、组织、结构的自由留给了学生。因此，要写好半命题作文,关键是要拟一个完整、恰当的题目。在拟题时,首先必须进行选材上的思考,然后根据所选材料再去拟定一个完整、恰当的题目。此后的构思写作同全命题作文是一致的。

命题作文一般由三个部分组成:一是题目;二是提示语,为学生打开写作思路做导引;三是要求,做字数和内容上的规定。

(一) 根据命题,指导学生正确地审题

命题作文往往对文章的内容进行了限制,并提出了要求。因此,审题时先要弄清楚作文题目有哪些限制和要求。一般来说,命题作文限制的有体裁、时间、地点、数量和叙述的对象及其关系等,弄清楚了这些,也就好确定作文的选材范围。

体裁:对小学生而言,一般是以写记叙文为主。在审题的时候,还应该将其分类,看清楚是属于"写人、写景、记事、状物",还是属于"日记、书信"之类的。如《我的老师》就是写人的;《看日出》是写景的;《难忘的一件事》是记事的;《荷花》是状物的。日记和书信的区别就比较明显了。

时间:如《课间十分钟》,选材的范围就是下课后和上课前所发生的事和进行的活动;《家乡的傍晚》、《国庆节见闻》时间分别限定在"傍晚"、"国庆节"。

地点:如《公园一角》的地点就是"公园",而且是公园里的一部分,即"一角";《校园新风》所写的人和事应该是校园内发生的;《瞻仰烈士陵园》地点就是"烈士陵园"。

数量:如《暑假生活二三事》,写的事情可以是两件,也可以是三件,但是不止一件,十件八件也不行;《难忘的一个人》记叙的主要人物是一个,而不是两个或三个。

叙述的对象及其关系:如《我的同学》和《我和我的同学》,前一个题目叙述的对象是我的"同学",而后一个题目叙述的对象却是"我"和"同学";《我爱语文课本》叙述的对象是"我"和"语文课本",关系是人和物。

当然,命题作文限制的体裁、时间、地点、数量、叙述的对象及其关系,并非每个作文题目都有,或有其一,或有其二,或有更多。审题时,还要注意分析题目的关键词语,扣住"题眼",确定中心。题目中的关键词语,就是作文题目的"题眼"。"题眼"往往表明了文章的中心思想,揭示了题目的意义,扣住了"题眼",也就抓住了作文的写作重点。题目如果是一个词语,这个词语即为"题眼"。如《妈妈》、《春游》、《荷花》等,写作文的时候就要抓住"题眼"，弄清楚是写人、写事、还是写景。题目中，起修饰作用的词语往往是"题眼"，如《课间十分钟》、《可爱的玩具》、《难忘的一件事》、《骄傲的爸爸》等，题眼就是"课间"、"可爱"、"难忘"、"骄傲"。题目中的动词一般是"题眼"，如《这件事教育了我》、《我爱我的小闹钟》、《瞻仰烈士陵园》、《清明节忆王大伯》等，题眼就是"教育"、"爱"、"瞻仰"、"忆"。

命题作文有了上述诸多限制，是不是就不利于学生思维的拓展，选材范围太狭窄了呢？不是的。命题作文除了有一些必要的限制和要求之外，往往非限制的范围是很大的，也就是说选材范围非常广。因此，在写命题作文时，既要注意作文题目的限制和要求，又要分析、找出题目限制之外的那片天空，鼓励学生开拓思路，广泛选材。

（二）明确"立意"，指导学生恰当地选材

"选材"是选择材料，就是打开手中或记忆中的"材料库"，从几个或若干个作文素材中，依据一定的选择标准，经过一番思考、比较，最后确定出其中的某一个可以用来入文的材料，这个过程就叫做选材。选材，是整个作文过程中极其重要的环节，是决定文章好坏成败的关键，是写好文章的最重要的"物质"保证。选好材料是作文成功的一半，正如做衣服，款式、做工固然很重要，但是选好布料是前提。

"意"，就是文章的意图、写作目的、中心思想；"立意"，就是确立文章的中心思想，明确写作目的、意图。选材和立意，是作文的两个密切关联的重要内容，前者是"写什么"，后者是"为什么写"。缺少"意"，就事记事，再好的材料也是一堆毫无价值的"废料"；"意"不明确，写出的文章就称不上是好文章。因此，选材时一定要明确写作的目的、要求。根据一定的目的、要求，在命题作文限定的范围内广泛地回忆，尽量多地搜寻、罗列作文素材，经历一个从"多"中筛选的过程。然后根据写作的目的、要求进行选择；材料再好，但与写作目的、要求不相吻合，也要忍痛割爱。

新课标中对选材有明确的要求："能不拘形式地写下见闻、感受和想象，注意表现自己觉得新奇有趣的，或印象最深、最受感动的内容。"生活即素材，要鼓励学生在生活中寻找、积累、选择合适的作文材料。从身边的事物着眼，鼓励学生以自己独特的视角去观察，去感受，去思考，去积累，去交流，在作文中表达自己的真情实感。选材时，如果能在真实的基础上，选取新颖别致的材料就更好了。

写作文,不只是表达的过程,也是不断选择和放弃的过程。选择什么,放弃什么,留下什么,也是作文的重要能力之一。没有选择,说明学生的作文资源单薄;无法选择,说明学生缺乏作文上的选材能力。教师要指导学生根据文章立意,学会筛选,舍得放弃。

(三) 围绕中心,指导学生初步地构思

确定中心,选好材料以后,就需要列出一个简要的提纲,确定先写什么,后写什么,再写什么;哪些地方详写,哪些地方略写,这样的过程就是构思。就像造大楼,先要有设计图纸,有了好的设计图纸,工人就能根据图纸,又快又好地造大楼。写作文不能拿起笔来就写,不能脚踩西瓜皮,滑到哪里算哪里。构思好了再写,作文就不大会有大问题,不大会被老师"退稿"。每次作文前,养成构思的习惯,不是让作文变难,而是让作文变得容易,变得省力。

在小学阶段的命题作文主要是记叙文,其中又以写人记叙文和记事记叙文为主。如果是以写人为主的记叙文,就要把这个人最独特的、最与众不同的地方写出来,使其成为一个独特的人。一般来说,要描写一个人,要调动各种的描写手段,这些手段是要综合运用的,最常用的主要有神态描写、语言描写、行动描写、心理描写四大类。如果是以记事为主的记叙文,就要把时间、地点、人物以及事件的起因、经过、结果写清楚。要根据中心安排文章的详略,重点地方要不惜笔墨,详细叙述。

案例示范 2

《感动在一瞬间》作文教学课堂实录片段

师:《感动中国十大人物》谁知道? 哪十大人物? 你说。

生:王百姓。

师:对了,王百姓。还有吗?

生:黄舸。

师:少年英雄黄舸。还有吗?

生:雷英雄。

师：不是雷英雄，是排雷英雄。丁晓兵一个手臂都没有了，被炸飞了。他走上台领奖的时候，我看他用左臂，慢慢地抬起来，抬到了额前向全国观众行了个军礼，我看到这儿潸然泪下。还有吗？

生：还有华益慰。

师：对了，还有好军医华益慰、慈善家霍英东等，这些英雄人物、模范人物以他们的模范行为，感动了所有的人。所以感动就在我们身边，读（教师指板书：感动）。

生：（齐声地）感动。

师：读得快一点！

生：（齐声地）感动。（有所改变）

师：感动往往就在一瞬之间，（师板书：在一瞬间）谁把这几个字念一下？你念。

生：感动在一瞬间。

师：不错，读得还可以。你读。

生：感动在一瞬间。

师：显然你读得比他好，谁再来读？

生：感动在一瞬间。

师：哎，太好了！你读呢？

生：感动在一瞬间。（读得有底气，有感情）

师：一起读。感动在一瞬间，起！

生：（齐声地）感动在一瞬间。

师：往往因为人家的一个眼神、一件事、一个动作、一个肢体也能让人感动。感动自己的什么？感动的人、感动的事很多。懂得感动的人，才会知道感恩。会感恩的人，才是高素质的人。下面我举一个例子，一个人的一句话感动了所有的人。这个人是谁呢？姓夏，夏天的夏，夏衍。他是个老作家，生前写过许许多多一流的文学作品。到了晚年，他身体不好住进了医院，在医院的病床上他还是想着别人，特别是在他弥留人间的那些日子里。谁知道"弥留人间"是什么意思？

生：就是还生活在人世间的意思。

师：就是还生活在人世间，但即将离开人世的意思。有一天，突然他的病情恶化了，在旁边的护理人员看了，着急得不得了："夏老，你别急，我马上去叫医生。"就在这时，几度清醒几度昏迷的夏老，突然自己清醒过来，他猛然坐起身，瞪大了眼睛，伸出手，张大了嘴，大声地说了一句话："不是叫，是请!"说完这句话就倒在床上，死了。这是他一生中说的最后一句话，意思是，你不是去"叫"医生，是去"请"医生。一个字之改足见他的人格。他始终想着别人，所以他说的这句话令在场的人感动不已。这件事传开了，整个医院上上下下，从医生到病人，从护理人员到患者家属都感动不已。这件事被新闻记者知道了，写文章报道出来，读到这篇文章的人也都感动不已。这样的人和事在我们周围有很多，你在电视上看到的，报纸上看到的，课本里面学到的以及我们耳朵听到的，周围自己碰到的，到处都是。想想看，有哪些感动你的人和事?

生：我从电视上看到有一个十岁的小男孩得了脑瘤。脑瘤占据了他的整个脑子，他失明了，他快死的时候就说我要把自己的角膜捐给别人……（哽咽）我就觉得这个故事非常令人感动。

师：表扬他。（师沉重地）一个十岁的孩子，就要死去了还要把自己的眼角膜捐给别人，把光明留给别人，他让光明变得可以传递的。还有吗?

生：我在电视上看到一个小女孩也是失明了，她说她想到天安门看升旗。这是她一生中最大的愿望，很多人都来帮她，配合她，其实根本就没有天安门，是在一个学校的操场。

师：我问一下，你知道这个小女孩的名字吗?

生：忘记了。

师：忘了，我告诉你，叫新月。故事发生在东北，一个小女孩就要死了，她唯一的心愿是到天安门广场前看升国旗仪式，但她是不可能去的。结果整个城市都知道了这件事，整个城市都编造谎言，说我们带你到天安门去，于是就把她送到车上，用北京话报站名，模仿许多各地的方言，让她觉得是到北京了。然后在操场上，学生奏起了军乐、国歌，升旗啦。她眼睛虽然看不见，嘴角却露出了微笑。这个节目我看过很多次，感动!还有吗?

生：四年级的时候。（师纠正：读四年级的时候）第九课里的罗盛教是抗美援朝时的一个志愿军。他看到一个孩子掉进冰窟窿里面了，就不顾一切地跳进去把那个孩子救上来,最后自己牺牲了。

师:这个孩子是不是中国的孩子?

生:他是朝鲜的孩子。

师:对,朝鲜的。还有吗?

生:我曾经看过一个电影,名字叫做《暖春》。里面有一位老爷爷,他抚养了一个孤儿,把他养成人,(师:不叫养成人,他本来就是人,培养成人。生:谢谢)培养成人以后,他又抚养了一个小女孩,自己的钱不舍得花,都用来抚养小女孩,这个小女孩很懂事,最后就成了那个乡村的老师。

师:乡村女教师,好的。我们讲了电影里的、新闻中的,现在说说生活周围的。

生:事情发生在我自己身上,就是我们班的一个同学,我的脚不小心跌伤了,我走楼梯的时候只能用脚一跳一跳的,我们班的陈益明看见了,背我上了三楼。

师:哪一个叫陈益明?请这位英雄站起来。我们为他鼓掌,(师过去同他握手)同英雄握手无上光荣。请坐。还有吗?

生:其实我是一个单亲家庭的孩子,我爸爸妈妈已经离婚了。(生哽咽)刚开始的时候,我一直走不出这个阴影,后来是妈妈帮助了我,她说你一定要坚强。

师:现在妈妈跟你生活在一起吗?

生:对。

师:你回去带去老师对她的问候,说老师支持你,谢谢你培养出这么好的女儿。

生:谢谢。

……

师:感动的人和事就在我们生活中。你看电视会为之感动,看报纸会为之感动,你睁开眼一看,大家都在帮助人、关心人,令你感动。如果你把令人感动的人和事写下来,就是很好的作文材料。有了这个材料是不是一定能写好? 不一定。那还得讲究谋篇布局,围绕中心来组织材料,运用恰当的语言来表达。我今天给大家介绍一位小朋友的作文。这篇文章的题目,我请小朋友来读读好吗?

生:《诚实比金子更重要》。

师:你的声音真好听。当过播音员吗?

生：当过。

（生读）

师：你读得更深情。大家一起读。这篇文章大约 700 个字，给你一分钟的时间把它看完。开始，注意读写的姿势。

（学生读文，教师巡视）

……

师：这篇文章的作者叫什么名字？

生：李小翠。

师：一听就是农村的小女孩。你和她有哪些相同与不同？

生：相同的是我们都是小学生，年龄差不多。不同的是，她是外地的，家境很贫困。

师：哪些句子写出了她家境贫困？

生："收废品这活儿既累又脏，一天干下来还赚不到几个钱。尽管母亲起早贪黑，奔走在大街小巷里，然而，我们的生活依然很困难。"

生："母亲很会算计。她把许多肥皂头捏成一个五颜六色的肥皂球，说，这不是还可以用吗？一个住宅小区需要晚上看管自行车的工作人员，母亲好不容易得到了这个差使，这样，既有一点收入，又可以不出房租。我身上穿的、头上戴的、脚上套的都是别人丢弃的，连我的书包也是别的孩子不要的。"

师：什么叫"算计"？这里是什么意思？

生：我认为是很会安排生活。

师：对了，文章中举了几个"很会算计"的例子？

生：三个。这一段话写的都是母亲"很会算计"的事。

师：很好。文章写了"贫困"，又写了"算计"，为什么要写"贫困"和"算计"？

生：我觉得是为了体现后来母亲很诚实，虽然贫困，但踏踏实实地生活，不会去小偷小摸什么的。

师："小偷小摸"这标准太低了，不等于贫困就要去小偷小摸。不过这位同学讲对了，写"贫困"、"算计"是为了突出后面捡到 100 元钱的事。这 100 元钱从本子里掉下来,有人知道吗? 但她们后来挨家挨户地问,把钱还给了失主,如此贫困,还能这样做,突出了母亲形象的高大。

师:文章中还用李小翠来衬托母亲形象的高大,你知道哪里写着吗?

生:当本子里掉下来 100 元时,李小翠说让妈妈拿这钱为她买新衣服。

师:母亲怎样呢?

生:母亲听了严肃地说:"不行,我们得赶紧想办法找到失主。也许是孩子的呢! 也许这孩子正在哭呢!"

师:所以她们立刻去一家挨一家地问。

师:文中还提到了一个小孩,叫什么?

生:常欣。

师:这常欣把钱放在了什么地方?

生:夹在了旧本子里面。

师:他妈妈知道吗?

生:不知道。

师:所以才发生了把夹着钱的本子当废品卖掉的事。

师:假设你就是常欣,请你以常欣的口吻,想象发生在你身边的这件事,写写你被感动的一瞬间。你认为应从哪里开始写?

生:从收废品的阿姨敲门开始写。

师:这是主要内容,要写三分之二的篇幅。除此还要写什么?

生:这 100 元钱怎么丢的。

生:100 元钱怎么会放在本子里。

生:找不到很着急。

生:这 100 元钱是怎么来的。

生:这旧本子怎么会卖的,谁卖的。

师:这些内容要交待,但这些内容不是主要的,主要内容应写"感动的一瞬间"。

……

——特级教师贾志敏执教

（**点赞**：贾老师这节作文指导课，开门见山，指导学生审清题意，扣住题眼"感动"，然后引导学生无拘无束地漫谈电影、电视、新闻报道等，进而聊到自己生活中真实的事，使每个学生都能找到自己特别"感动"的内容，充分拓展习作内容，帮助学生解决了选材的问题。通过习作例文《诚实比金子更重要》的阅读指导，让学生明白本次作文重在写出"感动的一瞬间"，要写"三分之二的篇幅"，其他内容"要交代"，但"不是主要的"……这些写作方法的点拨，对学生来说是重要的。贾老师的作文指导课，在重视"开源"的同时，又巧妙"导流"，让学生不但有话可说，还知道重点说什么，该怎么说。）

【挑战二】

　　在教材中任选一个作文题，撰写一份命题作文的教学方案。

_____

_____

_____

三、　材料作文教学课例研读与实践

　　材料作文，是根据所给材料和要求来写文章的一种作文形式。材料作文的特点是要求学生依据材料来立意、构思，材料所反映的中心就是文章中心的来源，不能脱离材料所揭示的中心来写作，所以，材料作文又叫"命意作文"，即出题者已经把作文的"基本中心（意）"提供给学生了。小学阶段，材料作文的常见类型有：续写、扩写、改写、缩写等。

（一）续写作文的教学方法

　　续写，就是把不完整的故事继续补充写完，是一种常见的"给材料作文"。它有助于培养学生合理想象能力、创造思维能力和语言表达能力，适当进行这样的训练，还有利于激发学生作文兴趣。

最常见的续写方式有两种：一种是根据一篇文章的主要内容和基本情节接着写下去。这是一种读写结合的续写方式，往往要求写出一篇有所发展、情节不同的新故事来，如阅读了《龟兔赛跑》后，续写《龟兔第二次赛跑》。新故事与原来的故事情节有一定联系，新故事的中心思想可以是原来的，也可以是新的中心思想。这类续写，要指导学生理解原文的主要内容和中心思想，展开想象，注意考虑周到，要与原文在什么方面保持一定的连续性、一致性，还要有新意。续写的另一种方式是根据开头续写情节和结尾。

指导学生续写，首先要注意选编材料。续写的材料一定要有利于激起学生的表达欲望，能给学生留下广阔的创造、想象的空间。指导时，一定要引导学生认真阅读、思考，选编好的续写材料，弄懂意思和要求。只有按照材料提供的情况、要求去写，续写出来的文章，才会顺其自然，体现内容的逻辑联系，合乎情理。还要努力帮助孩子打开思路，引导孩子创造性地想象。续写的语言也要尽可能与原文的语言保持风格上的一致。

（二）扩写作文的教学方法

"扩写"也是一种比较常见的"给材料作文"，它是把一段话或一篇内容较短、概括性较强的文章，扩展成篇幅较长、内容丰满、生动、形象的文章。

指导学生进行扩写练习，可以加深学生对原文的理解，有助于培养学生的阅读理解能力，发展学生的思维能力和想象能力，提高写作水平。通过扩写的文章与原文的比较，还有利于提高他们驾驭材料、处理详略的能力，有利于帮助他们掌握各种把文章写具体的方法。

从扩写的形式来说，主要有两种：一种是扩写片段，就是根据提供的一句句子，扩写成内容具体、形象的一段话；另一种是扩写篇章，就是根据提供的一段话，扩写成内容具体、形象的一篇作文。

从扩写的方法来说，最常见的有两种：第一，展开情节，充实原文内容，就是对原文情节没有展开写的部分加以扩展，文章内容就充实了、丰富了；第二是描绘形象，使文章具体生动,就是对原文中所写的人物、事件想象细节,进行具体的描写和刻画,从而使文章具体、生动、感人。

指导学生扩写要注意两点:一是要吃透原文,根据中心,捕捉"扩写点";二是要联系生活展开合理想象,进行具体描写。引导学生在实践中逐步领悟,掌握扩写的方法,学会扩写。

案例示范 3(扩写)

☞**教学内容:**

第　八　次

古时候,欧洲的苏格兰遭到了别国的侵略。王子布鲁斯带领军队,英勇地抗击外国侵略军。

可是,一连打了七次仗,苏格兰军队都失败了,布鲁斯王子也受了伤。他躺在山上的一间磨坊里,不断地唉声叹气。对这场战争,他几乎失去了信心。

布鲁斯躺在木板上望着屋顶,无意中看到一只蜘蛛正在结网。忽然,一阵大风吹来,丝断了,网破了。蜘蛛重新扯起细丝再次结网,又被风吹断了。就这样结了断,断了结,一连结了七次都没有结成。可蜘蛛并不灰心,照样从头干起,这一次它终于结成了一张网。

布鲁斯感动极了。他猛地跳起来,喊道:"我也要干第八次!"

他四处奔走,召集被打散的军队,动员人民起来抵抗。经过激烈的战斗,苏格兰军队赶跑了外国侵略军。布鲁斯的第八次抵抗成功了。

——选自苏教版小学语文三年级(第一册)《第八次》

☞**教学过程:**

1. 检查预习,读词语。(略)

2. 根据提示的词语,简要讲述一下课文的主要内容。(略)

3. 根据提示,听记主要内容,练习讲故事。(略)

多媒体显示词语:正在结网、丝断了、网破了、重新扯起细丝、再次结网、并不灰心、从头干起、终于。生根据词语，一边听，一边记：一只蜘蛛正在结网。忽然，一阵大风吹来，丝断了，网破了。蜘蛛重新扯起细丝再次结网，又被风吹断了。就这样结了断，断了结，一连结了七次都没有结成。可蜘蛛并不灰心，照样从头干起，这一次它终于结成了一张网。

4. 体会"蜘蛛织网"的精神。

师：你现在对这个故事，对这只蜘蛛，有什么样的感想？

生：我感觉到这是一只不灰心的蜘蛛。

生：这只蜘蛛有坚持不懈的精神。

师：动物身上也有让人类敬佩的精神！你有一个智慧的头脑！

生：我想到了李白……

师：蜘蛛与李白也有关系？

生：李白看到一位老奶奶在磨一个铁棒，知道了一个道理，就是只要功夫深，铁棒磨成针。（众生赞叹，掌声响起）

师：蜘蛛结网的精神与"铁杵磨针"的精神是一样的，那就是"坚持不懈"，就是"功夫深"！

生：就是永远不放弃！

生：也就是永远不失去信心。

师：对啊！只要你心中保留着那一份信心，你就一定能获得最后的成功！

师：蜘蛛结网，这是一个很普通的生活现象。或许你看到了，也不会在意，更不会有什么启发。而对于布鲁斯王子来说，就不一般了。他——（多媒体显示课文句子：布鲁斯感动极了。他猛地跳起来，喊道："我也要干第八次！"）谁来读？

（生很投入地朗读）

师：我还没有感受到布鲁斯的"感动"！

（生再读，突出了"感动"）

师：我还没有听出布鲁斯的信心！

（生再读，强调了"也要干第八次"）

师：我想看到布鲁斯在喊的时候，是什么表情？做了什么表示？

（生再读，表情激动，握紧拳头）

师：这才叫"有感情朗读"！你经过了四次努力，才有了"感情"！辛苦吗？

生：不辛苦。

师：是吗？

生：辛苦也值得！（众生大笑）

师：那我们一起来辛苦一下！

（生齐读）

师：布鲁斯是这样说的，他是怎样做的呢？

（生自由朗读课文最后一个自然段）

师：（提示）注意这段话中有"四处奔走、召集、动员、抵抗、激烈、终于"几个词语，体会一下这些词语的含义，你再来读，感觉就不一样了。

5. 学写动员书。

（生练习朗读）

师：假如你就是布鲁斯王子，现在要动员你的军队和人民起来与你一起抵抗外国侵略者。你会怎样动员他们？想一想：他们与你一样一连失败了七次，也几乎失去了信心啊！你该怎样说服他们？怎样激励他们？怎样振奋他们？请你拿起笔，写一份简短有力的动员书。可以这样开头：苏格兰的父老乡亲们、亲爱的同胞们：……

（生写动员书）

师：谁愿意来发布自己的动员书？注意，其他同学认真听，假如你就是苏格兰的人民，你听了这位王子的动员，会愿意参加抵抗吗？如果愿意，在他读完之后，举手欢呼。不愿意参加就（生插话：就吹口哨、喝倒彩）（众生笑），默默不语就行了，给人家王子留点面子吧。（众生大笑）

生：苏格兰的父老乡亲们、亲爱的同胞们：我在山上的磨房里看到一只蜘蛛，它一连结了七次网都失败了，但是这只蜘蛛并不灰心，顽强地织着网，第八次终于成功了。战友们（众生笑），我们也失败了七次，但是我们不还有第八次吗？我们不必灰心，更不能丧气！说不定，第八次我们就能成功，获得胜利呢！来啊，为了胜利，冲啊！（众生大笑）

师：激情澎湃！你们参加吗？

（生纷纷举手欢呼：参加！参加）

师：祝贺你，布鲁斯王子！你赢得了人民的信任！去吧！（众生大笑）

生：苏格兰的父老乡亲们、亲爱的同胞们：我在山上看到一只蜘蛛结网，一连结了七次都没有成功，但它并不灰心，终于在第八次结成了一张网。这是一只坚持不懈的蜘蛛，我们都要像这只蜘蛛一样。如果你们像蜘蛛一样勇敢，我们会重重奖赏你们的。（众生大笑）

师：你们会去战斗吗？

生：不去！谁稀罕你的钱啊！

师：啊！没有钱是不能的，但钱也不是万能的！看来你这样动员，只能做光杆司令啦！（众生笑）

生：父老乡亲们、同胞们：苏格兰在经受侵略，苏格兰在经受磨难，苏格兰在哭泣、在流血啊！（师插话：以情动人，高）（众生笑）虽然我们一连失败了七次，但那算得什么？你知道吗，就连小小的蜘蛛都能坚持不懈，在第八次结成了一张网。难道我们连一只蜘蛛都不如吗？（师插话：以理服人，妙！）我们一定能像蜘蛛一样，获得第八次抵抗的胜利！勇敢的苏格兰人，拿起你的武器，跟我前进吧！（掌声）（师插话：身先士卒，鼓舞人心！算我一个）（众生大笑）

生：苏格兰的父老乡亲们、亲爱的同胞们：我们失败了七次，但并不表示我们永远失败了。（师插话：很有哲理）你看，那只小小的蜘蛛，最终还是战胜了大风，在第八次结成了一张完整的网。难道我们不如这只蜘蛛吗？面对侵略军，我们缺少的不是枪弹，不是战士，而是坚持不懈的精神！（掌声）只要我们干第八次，就一定能取得最后的胜利！（师：插话：假如第八次不成功呢）不成功，便成仁！（众生大笑）（师：你都牺牲啦？你应该还有第九次！第九次不成功……）我们还有第十次！第十一次！不成功誓不罢休！（师：这样好像太野蛮了，可以改成：不成功就……）誓不回家！（师：这样才是好男儿）来吧，战士们，同胞们，胜利属于苏格兰！（掌声）

师：掌声已经说明了一切！你将来一定能成为一个伟大的领袖！（众生笑）

生：……

师：在人生的道路上，当我们遇到挫折、困难的时候，我们要记得：失败是暂时的，挫折是难免的。只要我们心中留存着那份信心，鼓起奋进的勇气，坚持不懈，就一定能拨开云雾，看到光明，看到成功！祝愿我们每一个同学！下课。

——特级教师薛法根执教

（**点赞**：《第八次》的主要内容是：古代苏格兰王子布鲁斯带领军队英勇抗击侵略军，但屡战屡败，几乎丧失信心。后来，他看到蜘蛛结网的过程重新燃起了信心，经过第八次抵抗，终于赶跑了侵略军。

在进行扩写练习之前，薛老师通过读词语、概括主要内容、复述课文内容、有感情朗读等形式，由浅入深，层层推进，加强对课文中心的理解。在"吃透"原文的基础上，根据中心，教师找到了合适的"扩写点"——写一份简短有力的动员书。在薛老师营造的极富感染力的课堂氛围中，学生们激情迸发，仿佛人人都成为了布鲁斯王子，结合课文内容展开丰富想象，写出了一篇篇鼓舞人心的动员书。

通过这样的扩写训练，加深了对原文的理解，有助于培养学生的阅读理解能力，发展思维能力和想象能力，有效地提高了他们的写作水平。）

【挑战三】

撰写一份"续编故事（三年级）"教学实录。

故事内容：

神奇的城堡

早晨起来，丁丁向窗外一看，发现屋外神奇地出现了一座城堡。他跑到城堡前，听到里面传出了奇怪的声音。里面是谁？这时城堡的门吱吱呀呀地开了，丁丁走了进去……他会遇见谁，会发生什么事？请你展开想象，写一个小故事。

要求：围绕给定的话题，展开合理的想象，通顺连贯地表情达意。

_____

_____

_____

四、作文讲评课教学课例研读与实践

在语文教学中，作文教学是重中之重，而提高作文讲评课的质量则是促进作文教学有效性的关键所在。小学生写好了作文，教师认真批改，在课堂上集中反馈，将有助于学生写作能力的提高。学生的作文是讲评课的文本依托。上好讲评课，最重要的是认真阅读学生的作文，一边读，一边做三件事：

第一，欣赏一些亮点。写作很辛苦，它需要热情而真切的赞美。写作比任何学习更需要欣赏和激励。讲评课，一定要欣赏为先，要在有限的时间里，尽可能大面积欣赏学生的作文，用词的准确、语句的精彩、视角的独特、材料的新颖、构思的巧妙等都是点赞的内容。总之，要让更多的人获得写作文的成就感，从而在每一个学生心里都播下"我要写出精彩"的种子。

第二，指出一些毛病。教师要梳理学生写作中出现的共性的问题，进行点评。这些毛病，不仅要指出来，还要让学生明白，"病"在哪里，怎么将"病"去除。一般着力于"句病"，有时也抓"段病"。这些"病"，以"病例集中"的方式出示，给学生带来视觉和思想上的冲击，充分发挥集体授课制的教学优势。

第三，进行一次训练。讲评课，不只"讲讲"、"评评"，还要"练练"。讲评课的"练"，主要来自两处：一是从学生写得好的地方引申出来，例如，某学生的场面描写好，大家一起来学一学、练一练。二是从学生写得不好的地方引申出来，例如，好几个同学缺少心理描写，老师创设一个场景，大家一起来学一学、练一练、写一写心理活动。训练，一定要依据学生作文的实际情况，根据本次作文的重点来进行，不能教师想训练什么就训练什么。

总之，作文讲评课就是"先学后教"、"以学定教"、"顺写而教"。作文讲评应该是最具体、最鲜活、最有质感、最妙趣横生的，因而也最受学生喜爱、最有实效的习作指导。一次有针对性、切实解决作文实际问题的作文讲评，犹如一面镜子，让学生看到自己作文的优劣得失；又如一盏指路明灯，帮助学生总结习作中的经验教训。学生在此基础上对作文进行修改，就能有的放矢、事半功倍。

案例示范 4（作文讲评课）

我的同桌

1. 赏析：这样的句子叫美。

师：平时看看课外书的，请举手。（生纷纷举手）看课外书，看到好句子，愿意划一划的同学举手。（举手者寥寥无几）如果是自己的书，一定要划。看课外书是什么感觉？两个字。

生：享受。

师：不，是"寻找"！（生齐说：寻找）阅读是一种寻找。一本书，不是所有的东西你都感兴趣，不是所有的句子都能打动你。你要找到那一页、那几行，它们像说到自己心底里了，你要把它们划出来。

师：我看大家的作文，也在寻找。寻找到值得我划下的句子，我就很兴奋，很享受。这些同学的作文，让我在阅读中兴奋、享受。

（1）"勇"感。

（多媒体显示学生作文的精彩语段一）

她先分给她的"兄弟"，然后才分给我们。我们总觉得：身为一个女生，怎么还把好吃的分给男生，还有没有女生的尊严？——谭茵岚

（生齐读）

师：我现在才知道，为什么到了五、六年级，很多男生和女生"老死不相往来"，这是尊严问题。真好，把自己心底的话掏出来了。

（多媒体显示学生作文的精彩语段二）

我快生日了，爸爸带了许多零食和一箱汉堡给我的同学，一起庆祝。这"魔鬼"再一次锁定了我的东西，整天对我十分地好！东西吃完了，他又像没吃过这些零食一样，整天对我不理不睬！ ——梁梓豪

师：梁梓豪，这话在你心里憋了很久了吧？下面还有，你念。

生：（续）他总是记得自己什么时候给我们吃过东西，下次别人有，就要别人还。也没见他记住别人给他东西吃，他要报答。

师：我喜欢这段话,他把内心的话、心底的话写出来了。如果知道今天老师要让所有的同学看到这话,梁梓豪,你还敢写吗?

生：不敢。

师：我真希望你说："即使今天所有的人都看到这句话,我还是要写下来。"因为,写作文,首先是勇敢。当年的鲁迅,人家要暗杀他,他照样写。梁梓豪,要勇敢地写作!在座的各位都要记住,写作首先是勇敢。不勇敢,你就写不出这样精彩的话。

(2)节奏感。

(多媒体显示学生作文的精彩语段三)

幼稚到令人可笑的样子,灵活到令人惊叹的脑子,我永远都喜欢他——霍建华。——黄艺林

(三、四组齐读。一、二大组再读划横线部分。)

师："样子"、"脑子",很有节奏,一起念。(生齐读)这句话读起来很有节奏感。汉语富有节奏感,比如说:

疯马一样,酷毙上篮;飞龙一般,夺命三分。——罗距俊

师：有节奏吧? 再看——

猫头鹰一样,勾手穿针。

师：有一个词要改,发现没有?

生：猫头鹰。

生：一样。

师：哪个"一样"?

生："飞龙一般"后面的"一般"改成"一样"。

师：(指"猫头鹰一样,勾手穿针")没有这句,只有"疯马一样,酷毙上篮,飞龙一般,夺命三分",要不要改?

生：不要。

师：对。"一样"、"一般",一个意思,避免重复。由于有第三句,两个"一样",把"一般"换成"一样",更有节奏感。改成:

疯马一样,酷毙上篮;飞龙一样,夺命三分;猫头鹰一样,勾手穿针。

师：前面都是四个字、四个字的，后面还有一句，大家一起念：猎豹一样，有万影的速度。

（生齐读）

师：最后一句，你能否改成四个字？

生：猎豹一样，万影速度。

师：那，这里要不要改成四个字的？

（有学生认为要改，有学生认为不要改）

师：都是四个字，很整齐。为什么不要改？

生：我觉得前面都是四个字，后面有一些不同，可以表达出一种效果，更加具体。

师：前面都是四个字，后面也是四个字，当然可以。但我认为，"大番薯"（小作者外号）的感觉更好。（众生人笑）"有万影的速度"，六个字，那叫——长短结合。长短结合的句子，读起来节奏感更棒。

（生齐读）

师：长短句结合，你这样去考虑，那叫写作文。单把意思写出来，那叫写作业。

（3）趣味感。

（多媒体显示学生作文的精彩语段四）

作为经历了三代女妖同桌的我，这次又遇上了个女同桌，我已经被前几任魔鬼同桌炼成了钢铁，对现在的女同桌无所畏惧。——陈星宇

（生读）

师：尤其欣赏你的"女妖同桌"和"魔鬼同桌"。她真的是女妖吗？她真的是魔鬼吗？不是。这叫表达的情趣、趣味。要做一个有情趣的人嘛！没情趣的人，谁愿意跟你玩？

（多媒体显示学生作文的精彩语段五）

"伍大一，你完蛋了！看看你，作文就写这么一点！"邓老师庞大的身躯还没挤进我们的视野，声音就已经环绕着每个人。完了，真完了，我们无不悲壮地盯着伍大一。——邓莹

（生读，众生大笑）

师：大家读，读一个词：无不悲壮。（生齐念）有的时候，你用好了一个词，一句死

气沉沉的话，活了。这种表达，叫有趣，叫好玩。真正会写作文的人，他会觉得写作文很好玩。一起读——

生：（齐声地）无不悲壮、女妖同桌、魔鬼同桌。

（多媒体显示学生作文的精彩语段六）

小黄常对我们讲"打是亲，骂是爱"。他也常常"亲"我，"爱"我。每一次被表扬，他便兴奋地"亲"我；每一次被批评，他便悲伤地"爱"我。——霍建华

（生读，众生笑）

师：霍建华，写出这句话，你有没有轻微的得意感？（生：有）同学们，写作文的幸福，写作文的奖赏，不是在你写完后，老师给你一个好的分数。而是像霍建华那样，一句话写完，自己心里发出了轻微的得意感。哎呀，我怎么这么有才，写出了这么好玩的句子。（众生笑）

2. 挑刺：指出两种语言病。

（1）"空话"病。

师：刚才，我们欣赏了我寻找到的精彩句子。我是老师，读大家的作文，不仅要寻找我认为精彩的，还寻找我所讨厌的东西。我讨厌什么呢？

（多媒体显示学生作文语段七）

所以，他的精神值得我们学习。

他在生活中不爱索取，只会奉献。

这就是郑思漫，她是我们的学习榜样。

郑思漫，你是我的榜样！我会认真努力向你学习的……

师：这次作文是写一个同学。同学身上有不少优点值得你学习，值得你肯定，值得你表扬。请你记住，写作文不是写文件。这些叫什么话呢？（板书：空话）

师：如果你觉得他是你的榜样，如果你觉得他乐于奉献、乐于助人，不要用"空话"去说，用他的故事去说，用他的行动去说。

（即兴情境表演：老师正在批改作业，一生倒一杯水给老师喝）

师：要用故事、行动、细节来表达对老师的感谢。光喊"啊！老师，我爱你"，那叫"空话"。我们班上写这样的"空话"的，作文要扣 20 分。（生惊讶）这犯了一个病，叫

"空话"病。要用故事来说话。空话,能说出什么来呢?

(2)"外貌"病。

师:这次作文,很多同学都写到外貌。

(多媒体显示学生作文语段八)

"小燕子"戴着橙色的箍,浓密而粗黑的眉毛,大而圆的眼睛,长长的眼睫毛,随着眼皮眨呀眨,哟,活生生的"还珠格格"! ——陆雅琪/《"小燕子"》

师:这段外貌描写,写她长得像"小燕子",和题目发生了关联。一起念作者的名字——陆雅琪。

(生齐念)

她长着一双可以杀死人的眼睛,一对可以说话的眉毛,一双可以偷听别人秘密的耳朵和一张可以吞下一头牛的嘴巴。——李玲跃/《暴力倾向超高的女生》

师:这是段外貌描写,不错。为什么? 你看题目:暴力倾向超高的女生。李玲跃写了她的眼睛、眉毛、耳朵和嘴巴,哪一个可以去掉?

生:眉毛。这里都写她五官坏的方面,而眉毛是说好的方面。

师:其他的都能干坏事,就是她的眉毛还好好的。(众生大笑)她的眉毛没有暴力倾向,不要了,删除。

师:人的外貌,不要什么都写。和"某人"的特点有关的,写;无关的,不要写。写外貌不在于多,有的时候,一个就够了。如:

(多媒体显示学生作文语段九)

她总是带着一双无辜的眼神,看着别人,打量着别人。我看着她的眼睛,心里总不时地颤抖着……

(多媒体显示学生作文语段十)

陈加仪用了个比平时还无辜三倍的眼神望着我,似乎里面有扇门,挡住了泪水,才使它没流出来。我看着她,实在受不了……——施泳霖/《无辜的眼神》

师:施泳霖只写了一个眼神。至于她的眼睛是大还是小,头发是长是短,皮肤是白是黑,都不写。只要眼神,因为她的题目是——

生:无辜的眼神。

师：写人的作文，外貌可以写，也可以不写；可以多写，也可以少写。要看"外貌"是有用的，还是没用的。比如：

（多媒体显示学生作文语段十一）

这学期，我们班转来了一位新同学，三角形的脑袋上有一丛"稻穗"，正立在头壳顶，眼睛炯炯有神，但不时呈现出几分犹豫，眼睛大得好比骆驼，长长的睫毛上有层厚厚的双眼皮。很多女生都非常羡慕他那睫毛和眼皮。

师：往下写，那你认为该写什么？

生：睫毛和眼皮。

师：睫毛和眼皮怎么漂亮，女生怎么追求他的睫毛和眼皮。（众生笑）我也这么想的，可他下面写的，与此完全不搭界：

打篮球是他的强项。

（众生笑，师再显示学生作文语段十二）

他长着一头乌黑浓密的头发，双眼炯炯有神，尖尖的鼻子，一双不大显眼的耳朵，红中带白的嘴唇，黝黑的脸颊，长得十分斯文。

师：往下写，你认为应该写他的什么？

生：写他怎么斯文。

师：写作中有一个重要的概念，叫"后歇为胜"，最后一句话，往往连接下一个内容。接下来应该写"斯文"。小作者写什么呢？

（1）不按时完成作业。（2）唱歌全跑调。

外貌描写和你下面所要写的故事、所写的人的特点，没有任何关联，那么，你把外貌描写得再多、再美，也没用。

（师再举例，并板书："外貌"病）

3. 指导：写好小标题。

师：这次作文，我惊喜地发现，很多同学用了小标题。哪些同学用了？（许多学生举手）——你为什么用小标题？

生：这样可以写很多方面。

生：用小标题可以写几件事，具体来表现写的内容和特点等。

师：说起小标题，有两个方便：第一，方便读的人。一读小标题，就知道你写了几件事、什么事，读的人觉得方便。第二，方便你自己写。小标题列好了，等于把作文提纲列好了。

师：你的小标题，写之前列的，还是写的过程中列的？

生：写之前列好的。

师：有没有一边写一边列出来的？（有学生举手）有没有同学，一开始列好提纲，写的时候，又把小标题改一下的？没有，都一锤定音？一起看我们的小标题。（板书：小标题）

（多媒体显示小标题：《"蒲公英"到处飘》：1. 飘得绘声绘色；2. 飘得无影无踪；3. 飘得风驰电掣）

师：好！第一，好在用了"三"个小标题。"三"，是个很神奇的数字，好学生叫什么学生？

生：三好学生。（众生笑）

师：几国才能鼎立？

生：三国鼎立。

师：第二，小标题的字数相当。第三，三个标题之间有联系。你们看，小标题、题目都有个"飘"字。写小标题，一般要注意这三点——

（老师指板书："联系"、"字数"、"三个"。生齐读）

师：看下面几篇作文的小标题。

（多媒体显示小标题：

《温暖的天使》：1. 生活中的他；2. 学习中的他。

《双面胶同学》：1. 文质彬彬；2. 莫名其妙）

生：小标题只有两个。

（多媒体显示小标题：

《不服输的"巧克力"》：1. 球场上的他；2. 教室里的他；3. 挨批评的他）

师：读题目，告诉我，关键词是什么？

生：巧克力。

师：是"巧克力"吗？

生：（猛然醒悟）是"不服输"！

师：找准关键词很重要。关键词和小标题要有一定的联系，小标题怎么改？

（学生七嘴八舌，老师投影，学生读：1.球场上的"不服输"；2.教室里的"不服输"；3.挨批评的"不服输"）

师：这一改，就跟题目建立了联系。列小标题一定要动脑筋，不动脑筋会闹笑话。再看：

（多媒体显示小标题：

《我有一个好朋友》：1.上课时的李成康；2.下课时的李成康；3.吃晚饭时的李成康）

师：初看，挺好的；细读，我发现问题了。

（多媒体显示小标题：

上课时的李成康——聚精会神听讲

下课时的李成康——安静看课外书

吃晚饭时的李成康——讲放屁的笑话）

师：看上去，小标题挺整齐，也和题目有联系，但，故事间有内在联系吗？

生：没有。

师：小标题要看表面的联系，更要看内在的联系。（板书：内在）读——

生：（齐声地）内在联系。

（多媒体显示小标题：《小康"轶事"》：1.上午；2.课堂；3.下课；4.晚上）

师：四个小标题，对应的故事是什么呢？

（多媒体显示小标题：

上午——老师觉得他烦

课堂——上课开小差

下课——喜欢看课外书

晚上——睡觉喜欢磨牙）

生：上午，老师觉得他烦；课堂，上课开小差；晚上，睡觉喜欢磨牙。这三个都写他的缺点，可以放在一起。

　　师：这三个是同类，有内在的联系。——你妈妈去买菜，买了鸡、鸭、鱼、白菜、西红柿，是不是买回来放在一起煮着吃？

　　生：不是。她要分开来煮。

　　师：写作文也是。有了四、五件事，不能放在一起写。（师指板书——）

　　生：内在联系。

　　师：写小标题，要注意"三个"、"字数相当"，最重要的是"内在联系"。这样拟小标题，会让读者觉得与众不同，能一下子抓住读者。

　　师：请班长把作文发回去。拿到作文，看有没有"空话病"、"外貌病"。用小标题的同学，注意了"三个"、"字数相当"没有？更重要的是，小标题之间有"内在联系"吗？下课。

　　　　　　　　　　　　　　　——选自《管建刚作文教学系列：我的作文教学课例》

　　（**点赞**：管建刚老师这堂习作讲评课，安排了三个教学环节。先讲评学生描写出彩的句子，以"'勇'感、节奏感、趣味感"为标题，让大家共同欣赏。儿童习作贵在真实，贵在童真，用笔抒写自己的心声。如："幼稚到令人可笑的样子，灵活到令人惊叹的脑子，我永远都喜欢他。""作为经历了三代女妖同桌的我，这次又遇上了个女同桌，我已经被前几任魔鬼同桌炼成了钢铁，对现在的女同桌无所畏惧。"这些话是孩子们独有的、从心泉中流淌出来的。接着是"挑刺"，从反面指出学生常犯的两种毛病：缺乏具体内容的大话、空话；笼统而缺乏重点的外貌描写，指导学生要运用创造性、个性化的语言准确表达，做到言之有物。最后，进行了一次扎实的训练，指导学生写好小标题。通过这次训练，指导学生注重小标题之间的"内在联系"，写作要围绕中心，文意要一脉相承，前后呼应。）

【挑战四】

　　批改本班学生习作，并撰写一份作文讲评课教学方案。

　　_____

　　_____

　　_____

第四单元

口语交际

龚 鸣

第四单元

第七课

掌握口语交际教学基本功

本课培训内容：了解小学语文教学中对"口语交际"的定义；解读《语文课程标准》中对"口语交际教学"的定位；掌握教师的教学语言基本功，明确在口语交际教学中教师提升自身语言素养的重要性。

口语交际的含义非常宽泛，在《现代汉语词典》中，狭义的口语交际是交际双方为了特定的目的，在特定的环境里，运用口头语言和适当的表达方式传递信息、交流思想、表达情感的双向互动的言语活动。从中我们可以看出，口语交际在人际交往中有着举足轻重的作用，它应该成为语文教学的重要内容。

而培养学生的口语交际能力，教师自身应具备相应的语言素养及情境创设能力，在丰富的语言应用环境中培养学生的口语交际能力。

教育家苏霍姆林斯基曾经明确指出："教师的语言素养在极大程度上决定着学生在课堂上的脑力劳动效率。"但是，在现实中，我们遗憾地发现，教师对于自身语言素养的关注远远不够。

教学的过程是师生心灵沟通的过程，依赖的是语言这个桥梁和丰富的语言应用情境的创设。入职初期的教师，必须努力提升自身的语言素养，提升情境创设能力才可能通过口语交际活动的设计提升学生的语言能力。

一、 锻炼教学语言，促进示范引领

（一）正确规范

语文教学有着明确的目的性，它是教师有目的、有计划、有组织地引导学生学习语文知识，提升语文能力的学习活动。对于新教师来说，要经历一个将日常生活交流语言转化为教学语言的过程。在这个过程中，正确规范的表达格外重要。

"正确规范"首先体现在对知识的讲解上。语文学科有自身的特殊性，尤其在小学阶段，很多语言知识隐含于具体的语境中，教师正确规范的语言传递能够帮助学生在文章的阅读中去学习、理解和掌握。反之模糊甚至错误的表达会对学生的学习产生障碍甚至误导。

（二）清晰明白

新教师应该追求怎样的教学语言？简而概之：清晰明白是教学语言的要义。

小学语文教学所面对的孩子年龄幼小，而阅读的文本类型丰富，内容涵盖面广，挑战学生的经验积累和理解能力。因此，教师要站在学生的角度去设计教学的语言，从学生的视角去解读文本，切入学生不理解或难以理解的点，精心设计教学活动。

清晰明白的教学语言，是教学目标能够达成的关键。它所包含的不仅仅是语言内容，还有语音、语速、语调等多个方面。新教师要学习控制、演练自己的口语表达，吐字清晰、语音适度、语速和谐皆是教学语言的精髓。日常生活中，个人的语言习惯不会影响到人际交流。但是在教学中，教师的教学语言如果不能做到清晰明白，就很难使课堂中的师生互动精彩起来。

（三）启发思考

课堂上最珍贵的是什么？是思维的火花的闪耀。语言是思维的外壳，思维是语言的内核，思维需要通过语言表达，语言是传递思维的工具。在语文教学中，教师巧妙的教学语言设计能够点燃学生思维的火花。

怎样的教学语言能够点燃学生思维的火花？这就要求教师既能深入解读文本，又懂得"止于至善"，最重要的，是锤炼提问的技巧。问到文本留白处，问到学生疑惑处,问到言语未尽处。这些,都是语文课堂上教师的语言艺术。很多时候,各式各样的问题充斥着我们的课堂,却激发不起学生的思考与兴奋,这样的提问语言是低效的。

(四) 激励鼓舞

平等、和谐的课堂氛围是影响教学成效的重要因素,良好的课堂氛围依靠教师营造,而教学语言的巧妙应用则是核心。善用赞赏、鼓励语言的教师能够树立学生的信心,有利于学生积极、主动、自由、充满信心地进行学习。语文教学,是感性的、生动的,恰到好处的激励,适时的点拨,课堂里便会有笑声、掌声,会有争议、思考,会让学生体验成功的喜悦,感受在师生互动的学习中所拥有的丰富的精神生活。

教师需有宽容心才会在语言中充满鼓励:鼓励学生提问,培养其好奇心和探究精神;鼓励学生表达不同的见解,让课堂灵动起来;鼓励学生做出自己的选择,培育他们的个性。激励鼓舞的教学语言体现的是教师发自内心的对孩子的尊重与爱。

二、 创设交际情境,助练口语能力

目前,在我国的小学语文教材中,尚没有独立的口语交际的内容或课程,相比国外以非常专业的演讲、沟通、戏剧表演课程来培养孩子的语言能力,中国的语文教师需要更多的智慧在教学中创设情境,培养学生的口语表达能力。因此,情境创设,是口语交际教学中,教师必须具备的素养。

(一) 创设对话情境

"对话"是新课程改革的基本理念之一。因势利导创设对话教学情境,成功架构教学过程中教师、学生、文本三者通畅、生动、积极的"对话平台",能有效地帮助学生实现语言的感悟、内化与迁移。在教学过程中,针对不同文本的特点,采用不同的方式创设与教学内容相适应的具体场景或氛围(即对话情境),不仅能调动学生的学习兴趣,还能把"一言堂"变成人人参与的讨论和交流活动,活跃课堂气氛,这样可以引起学生积极的情感体验,帮助学生正确理解文本内涵与表达特点,从而实现教师、学生、文本有效对话,让学生品味语言文字的魅力的同时,真正提高学生表达力,体现学生的主体作用,使学生成为课堂教学的主人。

(二) 创设质疑情境

在课堂上为了避免教师的一言堂灌输模式,教师应该鼓励孩子提出疑难,请教别人或一起讨论,以此来达到课堂内的思考含金量。一般而言,教师可以激趣质疑,诱发思维。因为思考与兴趣是紧紧联系在一起的,如果一个人对某方面的问题没有任何兴趣,那他就不会有思考的欲望。兴趣越大,思考能力就越能够发挥出来。另一方面,也可以利用变序质疑,启发思维。这种设疑,打破事物发展顺序,变由因导果为由果导因,把事情某个紧要部分提到前面,从而变成悬念,以此启发学生思维。

(三) 创设讨论情境

"讨论"指的是就某一问题交换意见或进行辩论。在课堂教学中,根据教学的内容,为落实教学目标,我们可以设定适合学生的讨论情境,它可以综合利用多种教学手段,通过外显的教学活动形式,营造一种学习氛围,促使学生形成良好的沟通能力。在实施的过程中,消除学生的陌生感和恐惧感很重要,要让学生一步步迈过羞涩、恐惧等坎儿,最终敢交流,会交流,乐交流。

创设讨论情境的方式有很多种,其中较为常用的有以下几种:

第一,设计小组合作,口语交际是一个互动过程,同伴合作是最有效的学习形式之一。合作学习的最大优点,是有一个语言沟通的环境,在口语交际教学中,我们可以运用多种合作学习的方式,让每一个学生都动起来。教师给出话题,引导学生结合自己的生活实际,在相互启发、合作交流中丰富表达内容,提高表达能力。

在小组合作讨论时,组长的协调和组员的倾听、有序发表意见,都体现了沟通的艺术。不仅是课堂上,更重要的是课下、课外,指导学生遇到问题能在积极、平等、互相尊重的基础上进行讨论沟通,这才是合作学习的本义。

第二,设计"采访",采访是培养学生"有效交流沟通能力"很好的尝试。"能说会道"并不等同于"有效沟通"。在合适的地点、合适的时间,用合适的语言或者姿势,表达合适的观点,并得到合适的反馈,达到既定的目标,这样的沟通才是有效的。现实生活中,很多学生缺乏主动与人交往的意识,当遇到必须和他人沟通的情况时,往往会不着重点,无法做到有效沟通。教师可以结合教材,选取语言训练点,设计采访的

"话题"、"提纲",帮助学生预设采访中的多种可能性,设计预案。让学生逐步学会有效沟通。

第三,设计辩论话题,创设讨论情境,培养学生语言表达的逻辑性,提高沟通能力。生活中往往会遇到和他人意见相左的情况,在语文的教学中,教师也可以充分借助学生对文本内容的不同看法,引导学生进行"辩论",表达观点,说服对方。

(四) 创设点评情境

"点评"即"指点、评论",这是教师在教学中常用的方式,它需要认真倾听、仔细思考、组织语言、流畅表达。所以,为学生创设点评的情境,同样能培养学生的思维能力、表达能力和品鉴能力。

学生学习中的点评机会无处不在:第一,点评他人的发言、朗读或表演,可以从语音语调、动作神态等方面作出评价;第二,点评同学的作文,可以结合作文的要求进行;第三,点评新闻时事,应该说出自己的观点和想法。教师在指导学生点评时应注意以下几点:第一,点评要讲究艺术,应该呵护他人的自尊心,将批评包含在表扬中,委婉地表达建议;第二,点评之前要有充分的思考,点评的内容要有依据;第三,点评要说出自己的观点,不能人云亦云。

(五) 创设表演情境

表演,是培养学生口语交际能力的重要渠道,通过不同角色的扮演来揣摩人物的语言及尝试通过语言表现人物,有助于提升学生对语言的敏感与自身的语言表现力。口语交际训练的途径多种多样,其中结合学生的生活实际,贴近现实,创设具体的生活化表演情境应该是最有效的方式。正如《语文课程标准》中所说:口语交际重在交际、实践与参与……要在课内外创设各种交际情境,让每个学生无拘无束地进行口语交流;要鼓励学生在日常生活中积极地锻炼口语交际能力。因此教师要善于发现生活中口语训练的契机和内容,设计表演情境。

比如,演一演文中的片段,可以加上自己的想象,进行再加工。还可以利用文本中的留白处,进行再创造。

三、案例示范及技能演练

案例示范 1（循循善诱）

☞ **教学内容：**

荷花已经开了不少了。荷叶挨挨挤挤的，像一个个碧绿的大圆盘。白荷花在这些大圆盘之间冒出来。有的才展开两三片花瓣儿；有的花瓣儿全都展开了，露出嫩黄色的小莲蓬；有的还是花骨朵儿，看起来饱胀得马上要破裂似的。

——节选自沪教版小学语文三年级（第二册）《荷花》

☞ **教学过程：**

师："白荷花在这些大圆盘之间冒出来。"句子很简单，不仔细品味，你是很难发现它的美的。

生1：我觉得这个"冒"字写得特别美。到底美在哪儿，我也说不清楚。（笑声）

生2：我也觉得"冒出来"很美，让我感觉到荷花长得很茂盛。

生3：我也认为"冒"很美，就是说荷花正在拼命往上长。

师："说不清"是正常的，"说得清"才是超常的。（笑声）好！既然你"说不清"，那我们就更得好好地体会体会。你们觉得，这个"冒"字还可以换成别的什么字？

生1：露出来。

生2：钻出来。

生3：长出来。

生4：顶出来。

生5：穿出来。

生6：伸出来。

师：但是，你们说的这些字眼作者用了没有呢？没有！尽管意思差不多，但作者一个都没用，就用了这个"冒"字，是不是？为什么？为什么呢？（学生都没有反应。）不着急，好的字眼，美的字眼，是需要用时间慢慢去"嚼"的。这样，你们先读读这段课文，体会体会,你觉得荷花从挨挨挤挤的荷叶之间怎么样地长出来,才可以叫做冒出来。

(生自由朗读)

师:谁"嚼"出"冒"的味道来了? 你觉得怎么样地长出来才叫冒出来?

生1:我觉得比较快地长出来是冒出来,不是很慢地长。

师:迅速地长出来。好,这是你的感觉。

生2:悄悄地钻出来。

师:悄悄地长出来。有点害羞的味道,嗯,这是你"嚼"出来的味道。

生3:争先恐后地长出来。

师:争先恐后地长出来。这一朵急着要长出来,那一朵也急着要长出来,谁也不让谁。我们从中体会到了荷花的一种心情,什么心情?

生4:急切的心情。

师:冒是怎样地长? 冒是急切地长。

生5:迫不及待的心情。

生6:非常高兴的心情。

生7:非常激动的心情。

生8:欢天喜地的心情。

师:太好了! 迫不及待地长,兴高采烈地长,非常激动地长,欢天喜地地长,这就是冒出来呀! 你们还有别样的体会吗?

生9:心花怒放地长出来。

生10:快快乐乐地长出来。

生11:亭亭玉立地长出来。

师:是啊,同学们,作者不用"长",不用"伸",不用"钻",就用了"冒"这个字眼。为什么? 因为,"冒"让我们"嚼"出了荷花的急切,荷花的激动,荷花的争先恐后,荷花的迫不及待,荷花的心花怒放。

(**点赞**:"冒"的教学,是本课的一大亮点,荷花其神其韵,都在一"冒"字。这是一个看似平常、实则蕴意极深的文眼,却通过薛老师循循善诱的语言艺术得以完美体现。一句"老师也来读个句子,你们体会体会",将大家闺秀"冒"的红盖头掀了起来;又一句

"冒"字还可以换成什么字,呼唤出一排以"长"字为代表的"小家碧玉"齐刷刷地站到学生的眼前;最令人击节称奇的却是一句:"怎样地长出来才叫冒出来?"于是,风情万种的"冒"字在学生悟性和灵性的滋养下诞生了。更妙的是薛老师还引导学生体会"什么心情",就是将学生的精神触角由荷花的外形的揣摩深入到对荷花内心的体验。从那刻起,学生们对荷花的感悟已经进入了一种诗意的解读。)

（案例提供者:上海外国语大学附属双语学校　尤　静）

【挑战一】

阅读下列案例,请对教师的语言作出评价。

☞**教学内容:**

在茫茫花海中,荷兰人最迷郁金香。那花有光滑碧绿的长叶,叶间伸出一梗壮实的花茎,上面托了朵柔美的花,活脱脱像只典雅的高脚酒杯。郁金香花色缤纷,而且每种颜色有个美妙动听的名字:像烈焰般炽热鲜红的,叫"斯巴达克";像黑夜般神秘幽深的,叫"夜皇后";镶有浅红花边的白花,被誉为"中国女性",真是亭亭玉立,秀姿天成。荷兰人的想象多妙!

——节选自沪教版小学语文五年级(第二册)《荷兰的花》

☞**教学过程:**

师:郁金香不仅形态雅致,颜色也是那么丰富,有艳丽的红色,有深邃的黑色,还有雅致的白色,更让人称奇的是荷兰人还给他们起了极其恰当的名字,谁来读读这段话?

师:(指图片)你们眼前的郁金香,就叫"斯巴达克"。斯巴达克,你们有谁知道?

生:我知道斯巴达克是英雄。

生:我还知道他带领奴隶反抗压迫,非常勇敢。

师:是呀,斯巴达克是个英雄,人们用一个英雄的名字来命名一种郁金香的名字,我们一起来看看。

（生看屏幕）

（多媒体显示句子：看到像烈焰般炽热鲜红的郁金香，就让人联想到浴血奋战、英勇无比的奴隶英雄斯巴达克，所以，给它起名"斯巴达克"）

师：现在你们知道它得名的原因了吧！那么"夜皇后"、"中国女性"为何得此名呢？能不能根据句式展开合理想象。四人小组可以先讨论一下。

（多媒体显示句子：

看到（　　　　　　　　）的郁金香，就让人联想到（　　　　　　　　），所以，给它起名（　　　　　　　　）。

生1：看到黑夜般神秘幽深的郁金香，就让人联想到穿着黑丝绒披风高贵典雅的黑夜女皇，所以给它起名"夜皇后"。

生2：看到黑夜般神秘幽深的郁金香，就让人联想到白雪公主和七个小矮人中恶毒的继母女皇，所以给它起名"夜皇后"。

生3：看到镶有浅红花边的白色郁金香，就让人联想到亭亭玉立、秀姿天成的中国女子，所以起名为"中国女性"。

生4：看到镶有浅红花边的白色郁金香，就让人联想到站在Ｔ台上穿着旗袍的中国女子，所以起名为"中国女性"。

师："夜皇后"，神秘幽深；"中国女性"，美得毫不张扬，它们的名字真是名副其实。荷兰人的想象真妙，他们抓住花的颜色、特点，赋予了郁金香那么美妙、贴切的名字。正是如此，荷兰人才会深深地迷恋郁金香。

【评价】

_____

_____

_____

案例示范 2（深入浅出）

☞ **教学内容：**

我们虽然没有见过面，我和妈妈却接到过您的问候。两年以前，我亲爱的爸爸作为联合国的一名军事观察员，在执行维护和平行动中壮烈牺牲，您给予了他高度的评价，赞扬他是"一名卓越的观察员，在执行联合国维和行动中体现了人道与公正的素质。"对此，我和妈妈向您表示深深的谢意。

……

我的爸爸精通四国语言，是一位出色的经济学硕士，本来他应该为人类作出更大的贡献，却被战争夺去了宝贵的生命。他的死是光荣的，他是为和平而倒下的，他倒在了维护世界和平的圣坛上。今天，我要向爸爸献上一束最美的鲜花，因为他是保卫世界和平的光荣战士。

——节选自沪教版小学语文五年级（第一册）《一个中国孩子的呼声》

☞ **教学过程：**

师：雷利有一位怎样的爸爸？老师建议大家仔细地读读课文，找出文中描写爸爸的有关语句，做做记号，待会儿老师请你们介绍介绍，好不好？

生：我的爸爸精通四国语言，是一位出色的经济学硕士，他很爱我和妈妈，但是他作为一名联合国的军事观察员，在执行维护和平的任务时壮烈牺牲。

师：哦，你找到的是这句话。（多媒体显示范读）"精通"你理解吗？

生：是非常了解，已经是滚瓜烂熟的了。

师：不是一般的知道，非常了解。你来读读看。

（生读）

师：不仅精通四国语言，还是一名出色的——

生：经济学硕士。

师：这样一个爸爸，让你用一个词来形容的话，我的爸爸可真是——

生：我的爸爸十分杰出。

生：我的爸爸知识渊博。

生：我的爸爸真是才华横溢。

师：多么令人骄傲啊！

生：我的爸爸真的——十分卓越。

师：带着自豪感读读这句话。

（生齐读）

师：读得真好。还有描写爸爸的有关语句吗？

生：一名卓越的观察员在执行联合国维和行动中体现了人道与公正的素质。

师："卓越"这个词"卓"念第二声，你念得很准。大家来读一遍。

（生齐读）

师："卓越"理解吗？你说说看。

生：优秀、杰出、超出一般。

师：带着这样一份自豪，这是我的爸爸呀，你能读好这句话吗？

师：前面加上"我的爸爸是一名……"这样才像介绍。谁再来试试。

（生读）

生：我的爸爸是一名卓越的观察员，在执行联合国维和行动中体现了人道与公正的素质。

师：嗯，读得多好啊！第二遍比第一遍读得更流利，更自信了！谁再来很自豪地、很骄傲来介绍介绍我的爸爸？请你来。

生：我的爸爸是一名卓越的观察员，在执行联合国维和行动中体现了人道与公正的素质。

师：有谁知道"观察员"吗？

生：就是联合国在战争的时候派出一个人，他不携带任何武器，只看战争双方有没有使用那种偷袭的武器，就是毒气这种东西。

师：这是你的猜想，有一点接近了。你说说看。

生：就是在执行维和任务中，一个或多个观察员不带任何武器在那里看，比如说看他们停火协议签好以后有没有违反协议。

师：说得真好！观察交战双方停火协议的执行情况，因此观察员往往是在最危险的前线。而且在执行任务的时候，不能佩戴——（生：任何武器）以体现——

（生：人道与公正的素质）多了不起啊！带着这份敬意，我们一起来读。我的爸爸是一名——

（生齐读）

师：我的爸爸还精通——（生：四国语言）是一名——（生：出色的经济学硕士）本来他可以为人类作出更大的贡献，却被战争夺走了宝贵的生命。他的死是光荣的，他是为了和平倒下的。他是站在维护世界和平的圣坛上的人。今天——（生：我要向爸爸献上最美的鲜花，因为他是保卫世界和平的光荣战士。）

——特级教师周云燕执教

（**点赞**："雷利有一位怎样的爸爸？"孩子们都能找到不少词语"精通四国语言"、"出色的经济学硕士"，但这些都仅仅是停留在表面的认识。周老师在媒体上把"精通"一词标红，问孩子你理解它的意思吗？自然而然地引发孩子们对雷利爸爸的崇拜，之后孩子们提起这位爸爸用了更多的词汇，比如"杰出"、"知识渊博"、"才华横溢"、"卓越"，而这种自豪感在朗读中得到了很好地表现。之后，周老师又抛出了一个问题，请同学们前面加上"我的爸爸是一名……"来介绍他，孩子们在这个说话练习的过程中很好地提取课文中有关爸爸的信息，完整并有条理地进行了口语表达。而在学生叙述介绍"我"的爸爸的过程中，周老师适时地补充一些相关知识，如"联合国维和部队观察员"、"蓝盔"的含义，学生这才意识到"我"的爸爸工作的危险性，从心底里感受到这是一位了不起的父亲，对和平的渴望也水到渠成地被激发出来。）

（案例提供者：上海外国语大学附属双语学校　徐海赟）

【挑战二】

请写一个体现你深入浅出地指导学生学习的教学片断。

教学内容：＿＿＿＿＿＿＿＿＿＿＿＿＿＿＿＿＿＿＿＿＿＿＿＿＿＿＿

教学片断：＿＿＿＿＿＿＿＿＿＿＿＿＿＿＿＿＿＿＿＿＿＿＿＿＿＿＿

教学说明：＿＿＿＿＿＿＿＿＿＿＿＿＿＿＿＿＿＿＿＿＿＿＿＿＿＿＿

案例示范 3（创设对话情境）

☞ **教学内容：**

招 待 客 人

——选自苏教版小学语文一年级(第二册)《招待客人》

☞ **教学过程：**

师：小朋友,我到家后该怎样用这些东西招待客人呢?

生：您回到家里,先把香蕉、橘子拿出来让客人吃,然后去洗菜做饭。

师：是的。那我怎么说呢?

生：您就说：大夫——(笑声)

师：你怎么知道要喊客人"大夫"?

生：您不是说他是医生吗? ——您就说,大夫,您先吃点橘子、香蕉,我去做饭,做好了,咱们就吃。(众生笑)

师：你真懂事! 这样吧,请你到前边来当于老师,我当客人,咱们试一试好吗? 你想好该怎么说,要做什么。

生：大夫,你好!(生说完伸出右手)

师：您好!(互相握手)下班了?(笑声)

生：下班了。您等急了吧?(生说完,拿出一个橘子和一串香蕉)请您吃水果,我去做点菜,做好了,咱们喝酒!(众生笑)

师：麻烦您了! 不要搞得太复杂,简单点!(众生大笑)

师：这位小朋友很会说话。下边请同位的同学一个当于老师,一个当大夫,照着刚才的样子说说。

(学生情绪异常高涨,练习十分投入)

——特级教师于永正执教

(**点赞**：在这个案例中,于老师和学生一起合作表演,扮演一位去同学家做客的大夫,设计营造了非常真实的表演情境,激发了学生学习的兴趣。于老师先是和学生一起演示整个对话过程,在轻松的氛围中让学生明白招待客人的时候说话要注意什么,

201

主人、客人该如何礼貌应对。接下来学生合作学习，进行情景表演必定情绪高昂。在表演的过程中，学生自然而然思考如何运用恰当的语言去招呼客人，而且相信学生们上了这一课以后一定会"学以致用"。）

（案例提供者：上海外国语大学附属双语学校　沈　莉）

【挑战三】

设计一个情境对话练习，撰写指导学生正确、得体表达的教学方案。

_____

_____

_____

第八课

口语交际课例研读与实践

本课培训内容：明确口语交际教学是融汇于语文教学全过程的，了解口语交际能力的训练途径，研读口语交际教学案例并进行实践。

《语文课程标准》认为，语文课程致力于培养学生的语言文字运用能力，提升学生的综合素养，而口语交际素养是现代社会公民的基本素养之一。"以自主、合作、探究的学习方式，拓宽口语交际的渠道，给学生提供大量的口语交际机会。"在语文学习的各个板块，让"学生积极参加讨论，敢于发表自己的意见"；"能就不理解的地方向人请教，就不同的意见与人商讨"，"根据对象、场合稍作准备，作简单的发言"，"具有文明和谐地进行人际交流的素养"，这些都是小学语文教学中口语交际教学的重要任务。

因此，口语交际的教学是贯穿于语文教学的全过程的，新教师要善于在语文教学的各个环节发现和创设口语能力培养的契机。

一、 语文教学中的口语交际训练课例研读与实践

课堂教学就是师生交往互动的过程，尤其是语文的课堂教学。沪版语文课程标准提出不必单独创设口语交际的场景，进行虚拟或模拟情境下的所谓口语交际，可以在语文学习的各个板块，通过"积极参加讨论，敢于发表自己的意见"来培养口语交际能力。

（一）在汉语拼音教学中培养口语交际能力

《语文课程标准》指出："汉语拼音教学尽可能有趣味性，宜以活动和游戏为主，与

学说普通话、识字教学相结合。"

低年段小学生，尤其是刚入学的一年级小学生，非常乐于表现自己，并且愿意主动与他人交流，这是口语交际能力发展的重要保证。但由于身心发育阶段的特点，大部分学生语速较慢，他们的口语表达常常以单个词语或词组为主，且说话时重复啰嗦、语句断断续续、表达内容不清等，由于性格不同，学生说话时的音量大小与语音语调也不能很好自控。

因此，若能抓住学生乐于模仿、可塑性强且渴望交际的特点，从教学拼音开始就提出"说好普通话"、"说完整句"等口语交际要求，引导学生调整语速与音量，并在课堂上有意识地进行相关训练，有利于规范学生的口头语言，帮助学生逐步形成良好的口语交际态度和习惯。

（二）在识字教学中培养口语交际能力

识字教学是小学语文教学，尤其是小学低年段语文教学的重要内容之一，是学生由口头语言过渡到书面语言的桥梁。当拼音作为识字的工具被接受之后，学生将正式进入到识字阶段。

《语文课程标准》提出："识字教学要将儿童熟识的语言因素作为主要材料，同时充分利用儿童的生活经验，注重教给识字方法。"在识字教学的同时进行口语交际训练，不仅能提高学生识字教学的效益，而且能促进学生口语交际能力的提高。此时，教师若能抓住学生乐于表达的特点，让学生在生动、丰富的教学活动中学习如何正确表达，并在过程中加以引导和鼓励，将能提高学生的日常口语交际能力。

（三）在阅读教学中培养口语交际能力

口语交际能力是学生语文基本能力的一个重要方面，它和语文其他能力是相互渗透、协调发展的。阅读教学过程的实质是教师、文本、学生三者互动的过程，是师与生、生与生进行学习交往的过程。

但阅读理解的过程又是极具个性化的过程，学生对文本理解的个性化观点，如何通过交流使师生们所理解和接受，这有赖于通过口语交际进行沟通和交流，而在这一过程中，不仅提高了学生的阅读能力，同时也使口语交际能力得到培养。

因此，充分重视在阅读教学过程中对学生口语交际能力的培养是十分重要的。

（四）在写作教学中培养口语交际能力

从说到写是让学生学会作文的关键，会说便会写，说是写的前提。可以说，学生口语交际能力的强弱直接决定着学生写作水平的高低。对此，教师要着力对学生进行说话训练，指导学生"我手书我口"，以达到说与写的统一。

锻炼学生的口语交际能力，在说中开启学生的思维，丰富习作题材，学习表达方法。学生在每一次习作过程中，从说到听，从听到议，从议到写，将口头语言转化为书面语言，用我心思我事，用我口抒我情，用我手书我口，从而使习作做到言之有物，言之有序。这样从说到写，以口头作文带动书面作文，既消除了学生畏惧作文的心理，又发展了学生口头与书面表达能力。

二、 与生活实际相结合的口语交际训练

口语交际训练的途径多种多样，其中结合学生的生活实际、贴近现实、创设具体的生活化情境应该是最有效的方式。正如《语文课程标准》中所说：口语交际重在交际、实践与参与……要在课内外创设各种交际情境，让每个学生无拘无束地进行口语交流；要鼓励学生在日常生活中积极地锻炼口语交际能力。因此教师要善于发现生活中口语训练的契机和内容。如：结交朋友就是很好的口语交际能力的锻炼途径。交友能力是当今社会一种重要的也是必不可少的能力，而语言沟通又是交友过程中必不可少的环节。当学生面对新的老师、新的伙伴时如何去主动认识他人，如何来介绍自己，如何来吸引别人的关注，这都是训练口语交际能力的时机和载体。我们可以创设平台让学生学习自我介绍，学习向别人介绍自己的兴趣爱好等，就能帮助学生在提高交际能力的同时，还能提高口语表达能力。又如：组织学生开展合作学习交流活动也是锻炼口语交际能力的有效方法。口语交际是一个互动过程，同伴合作是最有效的学习形式之一。合作学习的最大优点，是有一个语言沟通的环境，在口语交际教学中，我们可以运用多种合作学习的方式，让每一个学生都动起来。教师给出话题，引导学生结合自己的生活实际，在相互启发、合作交流中丰富表达内容，提高表达能力。教师要善于设计源于生活实际的情境，鼓励学生交流分享自己独特的想法、做法，学生之间能互相

提示,不断有新的创意,这样学生对于思维的拓展,语言的训练必定受益匪浅。

三、 案例示范及技能演练

案例示范 1(识字教学中渗透口语交际能力培养)

☞**教学内容:**

一天,风伯伯对孩子们说:"你们每人去找一个水妈妈的孩子来,可不能找泉水、溪水,也不能找江水、河水、湖水和海水。"

娃娃们点点头,一齐出了门。

大娃回来了,抱着一朵乌云。

二娃回来了,围着一条彩虹。

三娃回来了,捧着一团浓雾。

四娃回来了,采来一颗露珠。

五娃回来了,披了一层白霜。

六娃回来了,摘来一片雪花。

七娃回来了,背着一座冰山。

风伯伯看了,高兴地说:"你们都找对了,真是聪明的孩子。"

——选自沪教版小学语文二年级(第一册)《水妈妈的孩子》

☞**教学过程:**

1. 由"水"引入,激趣引题。

师:请大家做做"漱漱口"的动作,再和老师一起写"水"字。

(师板书"水",生漱口,和老师一起写"水")

师:这个字的笔顺规则是先中间后两边。

师:你知道哪些"水"?

生:(我知道)海水、泉水、溪水、江水、河水、湖水。

师:这些都是自然界的水。

生：（我还知道）自来水、冰水、矿泉水、盐汽水。

师：这些都是我们日常生活中常见的水。

师：这些液体都是水。可是，你们知道吗？生活中还有一些特殊的水，它们虽然不是液体，但仍然是"水妈妈的孩子"。

2. 初读课文，学习生字。

师：听课文录音，说说课文中介绍了哪些水妈妈的孩子。

生：乌云、浓雾、露珠、雪花、彩虹、白霜、冰山。

师：水妈妈孩子的名字里藏着3个生字宝宝，你认识哪一个？

（多媒体显示：彩、霜、冰）你有什么好方法记住他们呢？

生：我用"加一加"的办法记住"彩"字。"采花"的"采"加三撇就是"彩虹"的"彩"。

师：一起书空"彩"字。

生：我用编顺口溜的方法记住"霜"字，"雨"加"相"，"霜、霜、霜"。

师：这里的雨其实变成了部首"雨字头"。书空雨字头，注意"横勾"。你还见过哪些雨字头的字？

生：我还知道"下雪"的"雪"、"打雷"的"雷"。

生：我用加部首的方法记住"冰"字，"两点水"加上水，就是"冰"。

师："两点水"是我们今天要学习的新部首，"开火车"书空"两点水"。想一想，为什么，冰是"两点水"，不是"三点水"呢？

生：因为水都结成冰了，不会动了，就像水不见了一样，所以要少一滴水。

师：说得真好。

……

师：娃娃们找对了水妈妈的孩子，风伯伯看了，高兴地说什么？

（多媒体显示最后一节：风伯伯看了，高兴地说："你们都找对了，真是聪明的孩子。"）

师：这就是"聪"，谁来读？谁有好办法能很快记住这个"聪"字？

生："聪"左边是"耳"字，右边是"总"字，别人说话的时候总用耳朵听，就会变聪明。

师：说得真有道理。聪明的人不光要用耳朵听，还要用眼睛认真看，就像总字上的"点、撇"。大家不仅认识了"聪"字，更明白了怎样做才能成为聪明的人，你们就是最聪明的孩子。

——特级教师陈娟娟执教

（**点赞**：一年级学生喜欢表现自己，向大家展示自己已有的知识，所以老师结合学生的生活经验与身心特点创设有趣的谈话主题与谈话场景，提问"你知道哪些水"，给了学生表现的机会，鼓励学生用完整的语句大胆说出自己所知道的内容。学生有话可说，交流的时候就会更加自信。在学习生字的时候，教师充分发挥学生的主观能动性，让他们自己去发现字形结构、笔画书写的特点，鼓励学生主动介绍自己识字的好方法，把经验分享给同伴，与此同时，学生的口语能力得到了培养。）

（案例提供者：上海外国语大学附属双语学校　王文静）

【挑战一】

请写一篇在识字教学中培养学生的口语交际能力的体会。

_____

_____

_____

案例示范2（在阅读教学中培养口语交际能力）

☞ **教学内容：**

一只鸟儿和一棵树是好朋友。鸟儿坐在树上，天天给树唱歌。树呢，天天听着鸟儿唱歌。日子一天天过去，寒冷的冬天就要到来了。鸟儿必须离开树，飞到很远很远的地方去。树对鸟儿说："再见了，小鸟！明年请你再回来，还唱歌给我听！"

春天又来了。原野上，森林里的雪都融化。鸟儿又回到这儿，找她的好朋友来了。

可是,发生了什么事呢? 树,不见了,只剩下树根在那儿。"立在这儿的树到哪儿去了哩?"鸟儿问树根。树根回答:"伐木人用斧子把树砍倒了,拉到山谷去了。"鸟儿向山谷飞去。

山谷里有很大的工厂,锯木头的声音"沙沙沙……"地响着。鸟儿落在大门上。她问大门说:"门先生,我的好朋友树在哪里? 你知道吗?"

门回答说:"树么? 在厂子里给锯成细条儿,做成火柴,运到村子里给卖掉了。"

鸟儿向村子里飞去,在一幢屋子里坐着一位小姑娘。鸟儿问她:"小姑娘,请告诉我,你知道火柴在哪里吗? 她是我的朋友。"

小女孩回答说:"火柴已经用光了,可是火柴点燃的火还在这个煤油灯里。"鸟儿睁大眼睛,盯了灯光看了一会儿。接着,她就唱去年的歌儿,给灯火听。

唱完了歌,鸟儿又对着灯火看了一会儿,就飞走了。

☞ **教学过程:**

……

师:春天又来了。当原野上、森林里的雪都融化了的时候,鸟儿又回到了这里,找她的好朋友树来了。鸟儿是怎么寻找的呢? 她都跟谁打听消息了? 找找看,然后划出鸟儿的问话。

(生默读,思考)

生:鸟儿先问树根,后来问大门,后来问小女孩。

师:你的"后来"太多了,能不能换一下?

生:鸟儿一开始问树根,接着问大门,然后问小女孩。

师:老师一提醒你就注意用词的变化了,很好。你们觉得鸟儿的这三次询问语气一样吗? 轻声读读这部分内容,体会体会。

(生轻读,体会)

师:请一个同学连起来读这三句问话,看语气是否有变化。

(师指名读)

生:我觉得变化了,第一句是疑问,然后问门先生是焦急的,问小女孩时语气还要焦急。

生:我觉得三次是越来越急。

生:我觉得第一句应该很焦急的,第二句要哭了,第三句几乎哭出来了。

师：请同桌一个扮演鸟儿，一个扮演另一个角色，练习读这些对话。注意读出其中的变化。

（同桌练习后师指名分角色朗读）

师：鸟儿苦苦找寻着好朋友树，她一路追随着树的行踪，一路打探着树的行踪。一路上，她的心头一定只默念着一句话，只有一个念头：选择下面的一组关联词语说说。

（多媒体显示：不管……都……哪怕……也……只要……就……）

生：哪怕飞到天涯海角，我也要找到树。

生：不管遇到多少艰难险阻，我都要找到好朋友树，实现我的心愿。

生：只要能再唱一首歌给他听，我就是死也不后悔……

师：哪怕只有万分之一的希望，也要找到树。这就叫"忠贞"，这就叫"执着"。鸟儿正是怀着这样的念头寻找着。

（师、生分角色再读对话）

……

——特级教师周益民执教

（**点赞**：在教学中，周老师关注学生的表达，要求学生说话要规范，注意语气语调的变化。在理解课文内容时，周老师提出有价值的问题，让学生在认真阅读、深入思考的基础上，有理有据地表达。在这个教学环节中，教师不仅要求学生独立表达个人的观点，同时还要求其他学生认真倾听，并与同学进行有意义的互动，通过交流进一步形成共识。学生思想的交流，观点的碰撞是一个极其有意义的口语交际过程。通过上述案例，我们不难发现，阅读教学中进行口语交际能力的训练能够起到既理解文本又促进表达的作用。）

【挑战二】

请写一个在阅读教学中培养学生的口语交际能力的教学片断。

_____

_____

_____

☜ **案例示范 3**（在写作教学中培养口语交际能力）

☞ **教学内容：**

出 生 的 故 事

——选自沪教版小学语文三年级（第二册）《出生的故事》

☞ **教学过程：**

1. 创设情境，激发兴趣。

师：（多媒体播放婴儿呱呱啼哭声）听，这是什么声音？今天我们就在这里讲讲自己出生的故事。（板书课题；出生的故事）你们想不想听听这个男婴出生的故事呢？

生：想。

2. 听听故事，进行准备。

师：同学们认真听录音，听清：录音里的"我"是从哪些方面介绍自己的？有什么特别的地方？还介绍了什么？

生 1：我听到了他介绍了自己的姓名、年龄和性别。

生 2：我听到了他还介绍了外貌，比如多少高？有多重？

生 3：我听到的是他还介绍自己的与众不同的地方。

（师随机板书：

出生时间　　性别　　身高　体重　特别之处）

3. 穿越时空，先说后写。

师：昨天，大家已经从你们的爸爸妈妈那儿了解了自己出生时的情况，你能向你们小组的同学介绍一下吗？

（小组交流：自己出生的故事）

师：你听出你的组员在出生时有什么特别的地方吗？下面，我们来做个"猜猜我是谁"的游戏。游戏规则：通过听取同学出生时与众不同的小故事，谁猜出"照片上的小宝宝"是谁，谁就获得"最佳听众奖"。

生 1：刚出来的时候他没有哭，那医生真可恶，竟拍了一下他的小屁股，他疼得哇哇大哭。

生2：轮到他检查耳朵了，查了好久也没有达到正常的标准，最后医生宣布：孩子的右耳朵有问题，听不清声音。这可急坏了他的父母。

生3：别看她现在长得斯斯文文，小时候她在妈妈的肚子里可调皮了。听到鼓声，就在肚子里转向，还时不时手脚乱踢。

师：到组外向其他小朋友介绍自己的故事，要求：互相合作，既是"小小故事家"又是"文明小听众"。

（生动手写）

......

4. 现场直播，发表作文。

（学生作文写完以后，教师选择优秀作文，放在投影仪上现场"发表"，让作者声情并茂地朗读，教师不时指出修改的地方，不时捕捉好词佳句或精彩片断进行评议与鉴赏，让学生感受到成功的喜悦。）

——上海外国语大学附属双语学校焦莉执教

（**点赞**：三年级学生口头表达能力强于书面表达能力。因此，在教学中教师让学生从说到写，能够比较顺利地从口头作文过渡到书面作文。在写自己出生的故事前，教师安排小组合作学习，请学生在小组内交流自己出生的故事，使他们在有限的学习时空内扩大了交流的面，为每个学生在课堂上进行口语训练提供了机会。在小组交流的基础上，进行大组作文"发表"，不仅满足了学生的心理需要，而且能提高学生的品评能力，为口语交际提供了良好的机会。）

【挑战三】

请写一个在作文教学中培养学生口语交际能力的教学片断。

_____

_____

_____

第五单元

综合训练教学

杨莉俊

第五单元

第九课

掌握综合训练教学的基本功

本课培训内容：了解低、中、高各年段梳理知识，编制、分析试卷，设计主题活动的目标与要求；研读相关案例，初步掌握相关基本功训练的基本步骤和方法，并加以实践，提高梳理各年段知识，编制、分析试卷，设计主题活动的技能。

我们知道语文课程是一门学习语言文字运用的综合性、实践性课程。小学分低、中、高三个学段，各学段从"识字与写字"、"阅读"、"写作"、"口语交际"和"综合性学习"等领域分别提出了具体的学习目标和要求，其中还包含了不少语音、文字、词汇、语法、修辞、文体、文学等丰富的知识内容，以促进学生获得基本的语文素养。为此，教师必须具备能系统地梳理各年段语文知识点，能适切地编制、分析综合性试卷，以及合理地设计具有实践性的主题活动的能力，以帮助学生打下扎实的语文基础。本课，我们将一一阐述，提供相应的案例供大家研读，让职初教师能初步了解各年段梳理知识，编制、分析试卷，设计主题活动的内容与要求。此外，我们还设计了技能演练实践活动，让大家进一步感知、体验，初步习得相关的技能。

一、 梳理知识点的能力

乌申斯基有句名言："智慧不是别的，只是组织得很好的知识体系。"这句话指出了梳理知识的重要性。教学中，教师指导学生系统地整理归纳、对比梳理所学知识，可以使零散的知识系统化，使容易模糊的知识清晰化，使学生看到并掌握各部分知识的全貌与内在联系，完善认知结构，培养他们类比、转化、演绎，以及归纳、概括的能力，以便举一反三，触类旁通。

梳理知识点一般在一单元或整册教材学习后进行。

梳理单元知识点时，可以根据学段的学习要求，从不同角度入手。低年级可以从汉语拼音、识字、阅读和写字四个方面进行整理；中、高年级可以从识字、写字、阅读、写话等方面展开。九年义务教育沪教版小学语文教材中，将知识点和训练内容按单元编排，突出了训练的系统性和知识的应用性，使每个单元、每篇课文之间具有知识的互补性和巩固性，它们既是独立的，又是互相联系的，形成了严密的知识链。

梳理整册教材知识点比梳理单元知识点难度更高一些，因为知识就像"链条"一样，环环相扣，不断延伸；又像"藤蔓"一样，不断生长、扩充和发展。知识越来越多，知识之间的联系也越来越复杂。因此，教师在梳理整册教材知识点前必须认真钻研，解读课程标准，领会课标规定的知识系统及本册教材的具体要求，做到总揽教材，宏观把握，并在单元知识点梳理的基础上进行整理、归纳、汇总。为了检验学生学习的效果，我们一般将梳理的知识编制成试卷，通过测试，掌握学情，以便制定下一步的教学计划。

二、 编制试卷的能力

《全日制义务教育语文课程标准》指出：语文课程评价的目的不仅是为了考察学生实现课程目标的程度，更重要的是为了检验和改进学生的学习和教师的教学，完善教学过程，从而有效地促进学生的发展。其中，测试是评价学生语文能力的主要手段，一、二年级以口试为主，三至五年级以笔试为主，笔试离不开编制试卷。一份科学、有效的练习卷能正确而又客观地检测出教师的教学质量和学生的学习质量，并引导师生作有针对性的调整和改进。这是每位职初教师都应具备的一项基本技能。

每册语文教材包含8个教学单元，教师可根据不同的学习阶段，编制三种练习卷，即单元练习卷、期中练习卷和期末练习卷。

练习卷编制的内容一般包括积累与运用、阅读和写作三个方面，考查学生听说读写的能力（具体内容如下表所示）。

练习卷编制内容

内容			能力
语文	积累与运用		读准字音 认清字形 理解词义 积累和运用常见古诗文
	阅读	获取信息	整体感知 提取信息 形成解释 合理使用信息并做出评价
		获得文学体验	
		完成任务	
	写作		能根据表达的需要，选取恰当的作文材料 能有条理地安排文章的结构 能具体明确、文从字顺地表达自己的意思

　　基础部分的内容可以从课后练习、单元综合训练、书后词语表中提取。重点选择具有代表性的内容，即常用的、重点的、精彩的、易混易错的等加以考查，起到强化与巩固知识的作用。阅读部分一般安排两篇阅读材料，课内、课外各一篇。课内阅读材料选取书上不带"＊"的课文中的精彩段落，课外阅读材料的选取要紧紧围绕《语文课程标准》的要求，符合学生年段认知水平，文字优美，富有趣味性和可读性。三年级课外阅读材料可选取篇幅短小、内容浅近的童话、寓言和故事；四、五年级可选取叙事类的文章和简单的说明文。三年级要重点检测学生在阅读中抓重点词理解句子和文章内容的能力；四、五年级要通过品味含义深刻的句子、语段理解文章内容，体会作者情感及其表达方法。作文部分以写记叙文为主，三、四年级学生能不拘形式地写下自己的见闻、感受和想象，注意把自己觉得新奇有趣或印象最深、最受感动的内容写清楚；五年级能写简单的记实作文和想象作文，内容具体，感情真实，能根据内容表达的需要，分段表述。阅读和写作部分的题量占单张练习卷总题量的60%—70%的比重。

　　基础和阅读部分的一般题型是填空题、判断题、选择题、释词题、简答题等。题型排序时，坚持由易到难的原则，相同题型少出现或不出现。作文一般分为命题作文、半命题作文和自拟题作文。按照所给的写作材料，又可以分为看图作文、续写作文和扩写作文。除此之外，还有想象作文和常见的应用作文，如：请假条、留言条、书信等。教师可以编写两个不同类型的作文题，让学生自由选择。

编制综合练习卷时，教师应努力体现"三个性"，一是人文性，可以编写一些友情提示语和激励语，表现语言的亲和力，减轻学生的心理压力，营造宽松的氛围，让答卷成为学生愉悦的学习生活和积极的情感体验；二要体现趣味性，可适当增添一些学生喜爱的图案，使形式更活泼，也可以将提示语编写得幽默些，还可以将试题编成若干个冲关项目，提高学生答题的兴趣；三要体现生活性，题目的内容和学生的生活紧密联系，体现真实性和情境性，唤醒学生的生活体验，焕发出学语文的激情和活力。

编制综合练习卷时，教师还应关注"三个适中"，即难易度适中，一张练习卷中，易答题、稍难题、难题的比例以 70％、20％、10％为宜；答题量适中，题目容量要考虑大多数同学的答题速度。如果是一个小时的答题时间，那么预设的答题内容要以 40 分钟为宜，要给学生思考和检查的时间；试题分适中，练习卷中给每个小题的核定分数须适中，一般按照题目的难易程度和答题时间这两个角度来考虑。给难题定分，不宜过高，以免造成卷面分数整体下滑，教师要考虑到大多数学生的学情。

三、 试卷分析的能力

试卷分析的重要功能是了解教学目标方法、策略是否得当，了解学生掌握知识的水平，学习效果与教师的预期有怎样的差距等。根据发现的问题，寻找产生的原因，寻求解决的办法，由此调整教学策略，改进教学方法，提高教学质量。因此，试卷分析是职初教师必须掌握的一项教学基本功。

分析试卷一般从这样三个方面进行：一是数据统计分析，这是一项基础性工作，能获得学生知识掌握情况的第一手数据。教师要统计出每一题全对人数，失分情况，从中了解学生对各类知识的掌握程度。按分数段统计学生人数，可按满分、90 至 99 分、80 至 89 分、60 至 79 分、不及格这 5 个分数段统计，能清楚地看到各类学生的分布情况。统计时可以采用 xls 系统制表，罗列情况，便于查看、分析。二是分析学生失分的原因,应把出现的问题归类整理,找到学生在答卷中普遍存在的问题及原因,对出现问题的学生做到心中有数。分析原因可以从课堂教学的方法、手段、内容等方面入手,也可以从学生的学习习惯、方法,知识、能力的掌握情况等方面入手,客观、全面地审视各个环节的情况,找准原因。三是根据找出的错误及引起错误的原因制定解决问题的措施,这一步如同医生诊断病因后对症下药,学生到底得了什么"病",该用什么"药",该如何"治疗",教师要心中有数,是思想方面的问题就订出思想教育方面的改进措施,是学习习惯方面的问题就订出培养良好学习习惯的措施,若后进生多就提出如何转化后进生的措施。

四、 设计综合活动的能力

综合性学习是《全日制义务教育语文课程标准》中的一个崭新内容,综合学习活动的设置,对新课标下的义务教育语文教学来说,是一项重大改革。语文综合学习活动主要体现为语文知识的综合运用、听说读写能力的整体发展、语文课程与其他课程的沟通、书本学习与实践活动紧密结合,构建起开放的语文课堂教学体系。要让活动切实得到落实,让学生真正得到发展,在活动过程中教师的设计能力、指导作用尤为重要。职初教师须更新观念,提高认识,努力掌握活动开发和设计、信息整合等能力,以适应新课程的要求。

语文综合活动的内容一般包括教材延伸活动和主题式综合活动。

教材是课堂学习的重要资源,语文综合活动的设计可以依托教材,立足文本,对课本内容进行有效的拓展与延伸。教师可根据教学目标、教学重点和难点设计内容;可在整体把握教材内容的基础上,确立语言训练点进行设计,引导学生在活动中运用和表达;可以根据课后练习加以设计,让学生通过丰富多彩的综合活动,巩固、应用、深化所学知识;也可以根据课堂教学中的实际学情,尤其是与教师的预设相悖的生成性问题进行设计。

主题式综合活动是指围绕某一个主题,在尊重学生个性化体验的基础上,进行主题材料建构的语文综合性学习活动。以"自主、合作、探究"为基本学习形式,形成主题,展开活动。综合活动可以从单元教学中提炼主题,因为沪教版语文教材是以单元为单位分组安排的,每一组课文内容基本都体现了一个较为明确的主题,例如:环境保护、爱护动物、刻苦学习等,教师可以根据一个单元的主题设计相关综合活动,也可以将在内容上有关联的单元进行整合,设计主题活动;语文学科具有鲜明的综合性的特点,与其他学科之间有着千丝万缕的联系。因此,我们也可以打破学科框架,冲破学科边界,从语文学科与其他学科的联系中确立综合活动的主题;生活是儿童存在的方式,是儿童的成长与发展过程,也是学生学习语文的源头活水。因此,教师还可以智慧地从生活中提取综合活动的主题,让语文学习走进生活,引导学生在生活实践中用好语文,提高素养。

五、 案例示范及技能演练

案例示范1

☞**教学内容**: 沪教版小学语文三年级第一学期第二单元知识点梳理汇总

三年级第一学期第二单元学习内容

阶段	课题	识字写字	词语	句子	段式	朗读/背诵
三年级第一学期第二单元	第六课 新型电影	型、邀、幕、拱、雁、隙、洒	**积累词语:** 新型、邀请、球幕电影、拱形、亮堂堂、大雁、空隙、有声有色 **词语的辨析:** 看看下面各组字有什么不同,可以怎样区分它们,然后组成词语: 板( )扳( ) 形( )型( ) 拱( )洪( ) 惜( )错( ) **词语的搭配:**照样子连线。		读懂课文内容,展开想象,看图说说你觉得哪些情景拍成新型电影会更新奇、惊险、有趣? 展开想象,选择一幅图,写一写。	正确、流利地朗读下面句子: 当森林里的小动物们围攻狮子与狐狸的时候,大厅四周同时传出各种动物的叫喊声。

续表

阶段	课题	识字写字	词语	句子	段式	朗读/背诵
			红通通的　　天 精彩的　　猴子 漂浮的　　苹果 蓝蓝的　　叫声 刺耳的　　白云 调皮的　　童话影片			
	第七课 网上 呼救	聊、屏、灼、肋、夹、距、询、址	**积累词语：** 聊天室、屏幕、互联网、灼痛、夹住、困难、距离、询问、地址 **词语的辨析：** 比一比，谁组的词语多。 助（　）（　） 救（　）（　） 　　（　） 网（　）（　） 　　（　）	用带点的词写一句话。 例：工作人员一边和芬兰的有关方面联系，一边向麦克询问向苏珊的详细地址。	在语境中初步体会没有提示语的对话形式，把麦克与美国紧急救援中心通话的经过演一演，并写一写，注意语言清楚、简洁。	正确、流利地朗读下列句子，注意读准字音，适当停顿： 1. 突然，她旧病复发，双腿剧烈灼痛，不能行走，两肋像被紧紧夹住似的，呼吸困难。 2. 此时，整个楼面只有她一个人，距离最近的电话她也无法拿到。
	第八课 爸爸， 我恨死了你的猎枪	猎、瘾、扛、良	**积累词语：** 猎枪、飞翔、目光、充满、善良			
	第九课 一个 小村庄的故事	澈、湛、润、锋、斧、扩、栋、喘、黎、括	**积累词语：** 清澈见底、湛蓝、甜润、锋利、扩大、一栋栋、应有尽有、喘气、黎明、包括 **词语搭配：** 照样子写词语： （山上）的森林 （郁郁葱葱）的森林 （　　　）的河水 （　　　）的河水	读句子，选一个带点的词语写一句话。 1. 山坡上出现了裸露的土地。 2. 大量的树木随着屋顶冒出的炊烟消失在天空了。	按时间顺序说说小山村的变迁。	1. 正确、流利地朗读下列句子：树木变成了一栋栋房子，变成了各式各样的工具，变成了应有尽有的家具，还有大量的树木随着屋顶冒出的炊烟消失在天空了。 2. 背诵课文。

续表

阶段	课题	识字写字	词语	句子	段式	朗读/背诵
			（ ）的土地 （ ）的土地			
第十课燕子专列		适、殊、境、骤、跋、涉、府、呼、吁、即	**积累词语：** 1. 舒适、特殊、境内、骤降、长途跋涉、饥寒交迫、政府、呼吁、立即 2. 从文中摘录描写天气寒冷的词语，再写出几个形容天气寒冷的词语。	**理解句子：** 下列两句句子中带点的词语能不能去掉，为什么？ 1. 当地气温骤降，风雪不止，几乎所有的昆虫都被冻死。 2. 燕子在车厢里唧唧喳喳，仿佛在向人类致谢。		正确、流利地朗读下列句子： 1. 于是，政府通过电台和广播呼吁人们立即行动起来，寻找燕子，把它们送到火车站。 2. 听到消息后，居民们纷纷走出家门，冒着春寒，顶着满天飞舞的大雪，踏着冻得坚硬的山路，四处寻找冻僵的燕子。

（**点赞**：该案例根据三年级年段教学要求，从识字写字、词语、句子、段式、朗读背诵五个方面，分课时进行了细致、完整地梳理、归纳，以表格的形式呈现，版块清楚，层次分明，重难点突出。既为教师适切地制定教学目标，设计教学过程、课堂练习指明了方向，也为编制阶段综合练习卷，科学、全面检测学生学情提供了依据。）

（案例提供者：上海第二师范学校附属小学　张　瑾）

【挑战一】

　　请梳理你所教年级一个单元的知识点。

_____

_____

_____

案例示范 2

☞**教学内容**：沪教版小学语文三年级（第一册）第五单元练习卷

三年级（第一册）语文第五单元练习卷

班级_____ 姓名_____ 学号_____ 书写（5%）_____ 成绩_____

（时间：80分钟 满分：100分）

一、基础知识 30%

（一）看拼音写词语 8%

jǔ shì wén míng　　zhān yǎng　　xuě qiāo　　qiǎo duó tiān gōng

_____　　_____　　_____　　_____

（二）填表 9%

	带点字部首	圈出带点字正确读音的序号	圈出带点字正确解释的序号
落成		1. là　2. luò	1. 降　2. 完工
降临		1. lín　2. líng	1. 到　2. 将要
散场		1. sàn　2. sǎn	1. 分开　2. 松开

（三）词语积累 4%

1. 写 2 个表示"安静"的词语。

_____　　_____

2. 写 2 个表示"非常有名"的四字词语。

_____　　_____

（四）根据课文内容填空 9%

1. 通过第五单元的学习，我们游览了许多地方。它们是：水上城市_____；滨海城市_____；还有_____。我最喜欢的地方是_____，因为_____。

2. 空山不见人，但闻人语响。_____，_____。这首诗是诗人_____写的诗作_____。

二、阅读 40%

（一）阅读一 20%

猴 子 导 游

在印度的许多旅游区里,每当游客迷失方向或遇到其他问题时,身穿西装背(bēi bèi)心的"猴子导游"便会马上出现。

只要游客的手势能正确地引导这些"导游",猴子导游的服务一定会让人满意。比如:游客用手指指肚子,它们就立刻会带游客去找餐厅;游客做出饮酒的姿势,它们会指出酒店的方向;游客把手放在脑后装成睡觉的样子,它们就会领你上旅(lǚ lǔ)馆……总之,它们会根据游客的手势尽心服务。服务完毕,它们也会伸出毛茸茸的手,向游客要一点服务费。等一切结束,它们还会笑容可掬地和游客挥手告别。

原来,这些训练有素的猴子都"毕业"于印度的"猴子专科学校"。它们都要经过一年以上的严格训练:礼貌待客、察言观色、不调(tiáo diào)皮捣蛋。担任导游的猴子都持有"合格上岗证",上面写有姓名,贴着照片,背后则记录了它的履历、学习成绩和工作表现等。

1. "素"的音序是_____,第 5 笔是_____,"素"在字典中的解释有:(1)白色、本色。(2)本来的。(3)平素,向来。"训练有素"中的"素"应选第_____项解释。(请填序号)3%

2. 请划去文中括号里不正确的拼音。3%

3. 从文中找出与下列意思相对应的词语,写在括号里。2%

   (1) 形容人很高兴的样子。 （   ）

   (2) 观察别人的说话或脸色。多指揣摸别人的心意。 （   ）

4. 文中第二节是围绕哪句话写的,请用"——"划出。3%

5. 根据文章内容把表格填写完整,最后一行请发挥适当的想象。9%

人的动作	表示的意思	猴子的动作
		带游客去找餐厅
	想喝酒	

续表

人的动作	表示的意思	猴子的动作
把手放在脑后		

（二）阅读二 20%

我 和 书

一放学，我就用百米跑的速度跑回家，（　　　　）地跟妈妈说："妈……明天……我要参加……写作比赛……"

"好了！看你，满身大汗，去洗洗脸好吃饭了。"

我一面洗脸一面说："妈！老师说，今天晚上洗个澡，舒畅精神。"

"好了！快洗脸吧！"

拿起筷子的时候，我又说："妈！老师说，晚上早点睡，明天好比赛。"

□好了□快吃饭吧□□妈妈不耐烦地说□□我知道了□□

吃了两口饭，我又说："妈！"

"干什么？"妈妈抢着问。

我（　　　　）地说："老师说，写作比赛第一名还要奖励一本《战争与和平》呢！"

妈听了没有表示意见，只叫我快吃饭，洗个澡，早点睡。

这天晚上，我（　　　　）睡不着，脑子里总忘不了那本又厚又可爱的书，心里也一直祷告……迷迷糊糊中，我忽然看见那本书被人拿去了。我急得又哭又叫。"小立，你怎么了！"一个熟悉的声音在耳边响起。睁开眼，首先看见的是妈。再看钟，已经六点半了。妈问我到底怎么了。我便照实说出来，妈听了竟流下眼泪来。

不知是不是我的祷告感动了上天，比赛的结果，我居然拿到了那本我（　　　　）的《战争与和平》。发奖以后，我抱着书，满怀兴奋地回到家中，第一个先告诉妈。妈妈终于露出了很久不见的笑容。然后她也送给我一包礼物。我打开一看，也是一本《战争与和平》，不由得怔住了。妈像明白我的心事似的对我说："我怕你得不到这本书太失望……"说着，我们两个人的眼泪都在眼眶里打转儿。

到了小房间,我禁不住紧紧地抱着两本书,因为一本代表着＿＿＿＿＿＿＿＿＿＿＿＿,另一本代表的是＿＿＿＿＿＿＿＿＿

1. 联系上下文,将下列成语合理地填入文中的括号里。4%

　　梦寐以求　　　眉飞色舞　　　气喘吁吁　　　翻来覆去

2. 从文中找出下列词语的反义词,写在括号里。4%

　　希望(　　　)　　陌生(　　　　)

3. 给课文的第6小节标上合适的标点符号,填入"□"中。3%

4. 选择正确的选项,填入括号中。6%

(1) 在比赛前一天,作者怎么也睡不着的原因是(　　　)。

　　① 要比赛了,他太兴奋了,怎么也睡不着觉。

　　② 要比赛了,他很紧张,他更希望自己能赢得比赛。

　　③ 要比赛了,他很紧张,他更希望自己能赢得比赛,获得奖品——《战争与和平》。

(2) 作者第三次说"老师说……"的时候,妈却什么也没有说的原因是(　　　)。

　　① 妈妈觉得作者太烦了,不想再理会他。

　　② 妈妈生怕作者得不到奖品,不想多说。

　　③ 妈妈生怕作者太兴奋了,想让作者早点休息。

(3) 当妈妈把另一本《战争与和平》给作者后,作者流泪的原因是(　　　)。

　　① 因为他终于得到了想要的《战争与和平》。

　　② 因为他已经得到了一本《战争与和平》。

　　③ 因为他得到了想要的《战争与和平》,而且书里包含着妈妈的爱。

5. 请认真阅读全文,把文章结尾补充完整,写在文中的横线上。3%

三、作文(任选一题)30%

题目(一):我和＿＿＿＿＿上超市

提示:

1. 先把题目补充完整,再把自己和谁上超市购物的情况写清楚。

2. 可以先用一两句话写清自己在什么时间,和谁一起去哪家超市购物,然后再写购物的经过。

3. 你可以回忆爸爸妈妈带你去超市购物的经过,回忆他们买了哪些东西,重点写你选了什么物品,为什么选,怎么选,怎么买的,价钱是多少……把购物的经过写清楚。

4. 做到语句通顺,表达清楚,标点正确,不写错别字。

题目(二)：看图作文《共同的食物》

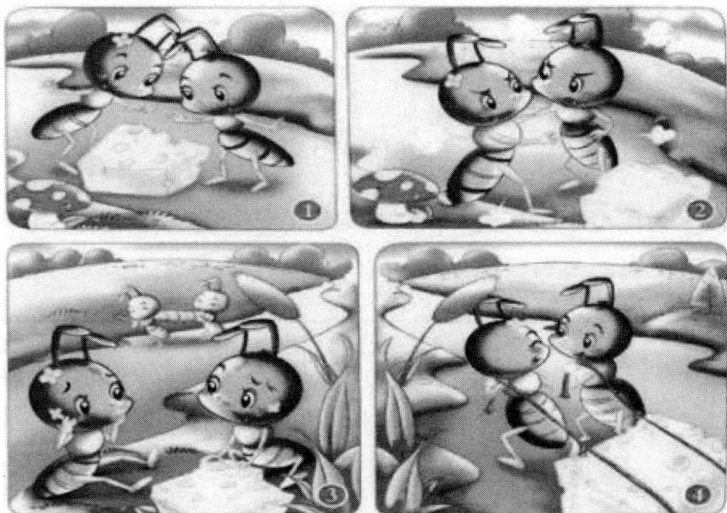

提示：

两只外出寻找食物的蚂蚁为什么打起来了? 后来,他们又看到什么? 他们是怎么说、怎么做的呢? 请你以《共同的食物》为题,写一写这个故事。注意用词准确,语句通顺、连贯,把图意表达清楚。

(**点赞**：这张单元练习卷编制适切合理,题量、分值、难易度适中。其中,基础题能从课后练习和单元综合训练中提取;阅读题能做到课内、课外各选取一篇,篇幅短小,内容浅近,适合学情。编制的两个作文题比较灵活,可供学生自由选择,提示语体现了人文性和生活性。)

(案例提供者：上海市第二师范学校附属小学　汤静怡)

【挑战二】

请设计一份你所教年级一个单元的综合练习卷。

_____

_____

_____

案例示范3

☞**教学内容**：沪教版小学语文三年级第一学期语文期终考试质量分析

1. 定量分析。

任教班级	班级人数	考试人数	总分	平均分	最高分	最低分	100分	90～99分	80～89分	70～79分	60～69分	50～59分	50分以下
三(1)班	33	32	2 885	90.2	96	85		17	15				
							优秀率：53.1%		良好率：46.9%		及格率：—%		不及格率：—%

2. 定性分析。

	单项内容	得分率	情况分析		措施与建议
			良好情况	典型错误	
基础	1. 把下列词语填写完整。	98.4%	复习扎实到位，得分率较高。常用的、重点的、精彩的、易混易错的词语，学生能够掌握，对于常见的古诗也能做到在	1. "选词填空"中"冷清"的"冷"最后一笔"点"，有部分同学遗漏了。经了解，遗漏的主要原因是学生	1. 从每天新授的词语、句子入手，引导学生正确理解，讲求记忆方法，并加强有针对性的默写，提高正确率。
	2. 填表。	98%			2. 继续培养学生良好的预习、复习习惯练习的设计从教学目标入手，结合课后练习、课堂生成及学生
	3. 选词填空。	93.7%			
	4. 选择正确的关联词填空。	99.2%			

续表

| 单项内容 | 得分率 | 情况分析 | | 措施与建议 |
		良好情况	典型错误	
5. 按要求写句子。	89.8%	理解的基础上正确、熟练地识记。	在书写时较随意,写完后也没有仔细检查。 2. "按要求写句子"中错别字较多。要杜绝这一问题,须引导学生在书写过程中认清字形,不加一笔,不改一笔,不少一笔,需要从识字的方法、学习的态度入手。	学情,以发展学生的能力为主。 3. 练好基本功,加强各单项内容的训练,尤其是各类句式的转变、词语的积累、词义的理解、关联词等练习。 4. 对后进生实行"补差、激励"的方法,加强家校联系,以鼓励、引导为主,激发学生的学习兴趣。
6. 古诗连线。	100%			
阅读（一） 1. 根据意思,在文中找到相应的词语。	93.7%	第1、2、3、5四大题完成情况良好。	"回答问题"存在很大的问题,表现在提取文章信息不准确、全面;语言组织不规范、完整、简练。	1. 基于标准,认真钻研教材,备好每一堂阅读教学课,课堂上要充分体现学生的主体地位,激趣,教法,互动,启智,切实提高每堂课的教学质量。 2. 进一步加强练习的质量分析,并针对问题,进行全班或个体的讲解及强化训练。 3. 要切切实实教会学生阅读的方法,培养良好的阅读习惯。 4. 加强课外阅读指导,引导学生积极读书,广泛读书,在深入阅读中拓宽眼界,丰富底蕴,提高内涵,进一步提升语文的综合素养。
2. 选择合适的词语填空。	96.8%			
3. 抄写划线的句子。	94.9%			
4. 回答问题。	40.6%			
5. 给短文选个合适的题目。	92.1%			
阅读（二） 1. 选择"（）"里正确的读音或字词。	93.9%	第1、3、5三大题完成情况良好。	1. "按要求写词语"完成情况欠佳。经统计,主要原因是学生把摘写心情的词错当成描写神态的词了。有17人错。	
2. 按要求写词语。	70.7%			

单项内容	得分率	情况分析		措施与建议
		良好情况	典型错误	
3. 根据短文内容填空。	96.8%		2."她的小脸红红的，好像发烧了。"不少学生认为这句话是比喻句，说明学生还未正确掌握判断比喻句的方法。	
4. 判断比喻句。	76.5%			
5. 按要求划句子。	94.9%			
作文	一等卷：（6）人，占全班人数的（18.75%）。 二等卷：（19）人，占全班人数的（59.38%）。 三等卷：（7）人，占全班人数的（21.88%）。 四等卷：（　）人，占全班人数的（　%）。	两个作文题目，一个是半命题作文，另一个是看图写话，属材料作文。大部分同学选择了半命题作文：《我真_____》。同学们写下生活中发生过的或高兴、或伤心、或烦恼、或后悔的事。选材的角度、描写的具体程度和书写情况都有进步。		1. 选材的指导要进一步加强，引导学生从生活细节入手，小中见大，细节处见真情。 2. 在语言表达上，要通过文本解读、案例分析、阅读积累等途径与方法，进一步引导学生清晰表达；开头结尾精炼表述；情节要丰富，抓住人物的语言、神态、心理活动等写具体，写生动。 3. 批改学生的作文时多发现亮点，在讲评时树榜样，给予学生上台朗读佳作的机会，并做深入地点评分析，互相取长补短，提高写作能力。 4. 培养学生自我修改、互相修改作文的能力，发现优势与不足，有针对性地修改，共同进步。
书写	书写分5分，全班32人，共得159分，得分率99.4%。			进一步加强每一堂课的书写指导，不仅要指导笔画、笔顺，还要引导学生观察、感受汉字的艺术美，认真地写好每一个汉字。

（**点赞**：这份质量分析完整细致、科学合理。首先，教师能全面计算各类分值情况，掌握学情的第一手数据。其次，教师能从反思课堂教学的方法、手段、内容，从学生

的学习习惯、方法,从语文知识、能力的掌握情况等多个角度,分析学生得分或失分的原因,客观、公正、全面审视教育教学各个环节的情况,找准原因。第三,能制定整改措施,有解题思路和技巧的指导,有学习习惯的培养,有课堂教学的改进等等。详实全面的质量分析为提高课堂教学有效性奠定了基础。)

(案例提供者:上海第二师范学校附属小学 汤静怡)

☞ **附:**

三年级第一学期语文期终考试卷

班级_____ 姓名_____ 学号_____ 书写(5%)_____ 成绩_____

(时间:80分钟 满分:100分)

一、基础知识 30%

(一) 把下列词语填写完整 6%

巧( )天( ) 追( )嬉( ) 容光( )( )

( )( )而入 ( )( )失措 ( )头( )额

(二) 填表 4%

	带点字音序	带点字在字典中的解释条	给带点字选择解释条,填序号
若隐若现		1. 如果。2. 好像。3. 你。	
应有尽有		1. 完毕。2. 达到极端。3. 都,全。	

(三) 选词填空 4%

清楚 冷清 清澈 清新 清幽

1. 河水非常( ),让人一眼就能看到它的底。

2. 小明近视了,老师写在黑板上的字,他几乎都看不( )。

3. 凌晨时分,大街上没有什么人,显得十分( )。

4. 到了海边,( )的空气令人心旷神怡。

(四) 选择正确的关联词填空 4%

不仅……而且…… 之所以……是因为……

虽然……但是…… 只有……才……

1. 同学们知道,（　　）现在好好学习,将来（　　）能担当起建设祖国的重担。

2. （　　）他买了很多书,（　　）没有静下心来认真读过一本。

3. 这种电风扇（　　）风量大,（　　）节约电、噪音小,大家都争着买。

4. 小李在学习上（　　）有这么好的成绩,（　　）她平时刻苦学习。

（五）按要求写句子 6%

1. 我有一个"虎妈",她对我的要求很严格,_____

　　_____。（围绕带点词,把句子补充完整）

2. 雨后的彩虹就像_____。（写比喻句）

3. 月食不是_____,而是地球挡住了太阳照到月亮上的光。

　　（按课文内容,把句子补充完整）

（六）古诗连线 6%

柴门闻犬吠　　　但闻人语响　　　《塞下曲》

欲将轻骑逐　　　风雪夜归人　　　《鹿柴》

空山不见人　　　大雪满弓刀　　　《逢雪宿芙蓉山主人》

二、阅读 40%

（一）阅读一 18%

_____

　　每年妈妈都给我买杏子吃。杏子味道香甜可口,一想起来就（　　　　　）。今年六月初,青杏刚上市,我就（　　　　　）地买了几个。

　　青杏的大小跟核桃差不多。它的表皮是绿色的,长着（　　　　　）的绒毛,乍一看,以为沾了一层白霜。青杏的身上有一道（　　　　　）沟,像一条通往山顶的小路。"小路"的另一端是一个小坑,像个小山洞,那些小绒毛仿佛是山坡上的小草。青杏（　　　　　）香味诱惑着我。我急忙咬了一口,一股酸水就涌进嘴里,口水顿时冒了出来。我急忙嚼了两下,弄得我（　　　　　）,好像吃药似的,赶快把它吞了下去。

　　打这以后,我再也不敢吃刚上市的青杏了,一看到别人吃,两腮就冒酸水。"望梅止渴"这个成语真有道理。

1. 根据意思,在文中找到相应的词语,并抄写在括号里。4%

（1）梅子酸，人想吃梅子就会流涎，因而止渴。　　　　（　　　）

（2）吸引，招引。　　　　　　　　　　　　　　　　　（　　　）

2. 选择合适的词语填空在文中的括号里。6％

迫不及待　又密又短　又皱眉又闭眼　浅浅的　淡淡的　馋涎欲滴

3. 抄写划线的句子，注意句子前空两格。3％

4. 回答问题。3％

为什么小作者特别喜欢吃杏子，却不敢吃刚上市的青杏呢？

_____

_____

5. 给短文选个合适的题目，抄写在文前的横线上。2％

（1）青杏　　（2）杏儿　　（3）妈妈买杏子

（二）阅读二 22％

有趣的小刺猬

刺猬是一种有趣的小动物。它的身体活像一只老鼠，只是比老鼠大多了。它的头尖尖的，眼睛和耳朵很小，牙齿非常锋利，门牙特别长。刺猬的四肢很短，跑起来很快。它的爪子像老鹰的爪子那么锐利、那么有力。除了腹部，刺猬浑身长满了像钢针一样的硬刺，又短又（密　蜜）。遇到强敌，它就把身体蜷（quán　juǎn）成一团，成为一个可怕的刺球，连凶猛的野猪也拿它没有办法。刺猬不但能用硬刺（保护　保卫）自己，而且还可以用它来搬东西呢！夏天，正当人们进入梦乡的时候，它悄悄地从洞中爬出来，趁着月光，窜（cuàn　cuān）到瓜地里，用它那锋利的牙齿把瓜柄咬断，然后在地上打个滚，把硬刺扎进瓜皮，一翻身就背着瓜溜走了。

1. 选择"（　　）"里正确的读音或字词，用"√"表示。4％

2. 按要求写词语。4%

    （1）写反义词：凶猛——（　　　　）

    （2）写近义词：特别——（　　　　）

3. 根据短文内容填空。8%

    刺猬的头（　　　　　　），眼睛和耳朵（　　　　　　），牙齿（　　　　　），门牙（

　　　　）。它们四肢（　　　　　），跑起来很快。爪子（　　　　　）、（　　　　　　）。

它浑身长满了（　　　　　）。

4. 下列句子中是比喻句的，在括号里打"√"。2%

    （1）刺猬浑身长满了像钢针一样的硬刺。   （　　　）

    （2）刺猬的爪子像老鹰的爪子那么锐利。   （　　　）

5. 刺猬的硬刺有哪些作用？在文中用"——"划出来。4%

三、作文（二选一）30%

题目（一）：我真_____

提示：同学们，在你的生活中一定发生过令你高兴、或伤心、或烦恼、或后悔的事吧？快提笔把它写下来吧！

要求：1. 语句通顺、连贯，不写错别字，标点正确。

      2. 写清事情的起因、经过、结果，经过部分请具体描写。

      3. 字数在250字左右。

题目（二）：让座

提示：

1. 开头：森林里住着一群可爱的公民。这一天，在游乐园车站，开来了一辆公交车。一位上了年纪的羊爷爷来到了车上……

2. 请同学们仔细观察画面上有哪些小动物？他们分别有怎样的表现？结果怎样？

3. 请你给这个故事起个题目，写一个故事，注意语句通顺、连贯。

4. 字数250字左右。

（案例提供者：上海市第二师范学校附属小学　钟　婕）

【挑战三】

　　请完成一份你所教年级期中或期末试卷质量分析。

_____

_____

第十课

综合训练教学课例研读与实践

本课培训内容：了解低、中、高各年段复习板块和主题综合活动板块的教学目标及要求；研读相关课例，初步掌握各年段复习课和主题综合活动课的授课方法与步骤，并加以实践，提高相关技能。

古人云：学而时习之。若要打下扎实的学习基础，离不开有效的温习与巩固。语文是一门综合性、实践性很强的学科，须为学生构建开放的学习环境，提供多渠道、多层面的学习平台，实现语文学习与生活的结合。为了帮助学生构建合理、系统、全面的语文知识结构，培养良好的综合运用语文知识的能力，复习课、主题综合活动课都是必不可少的教学板块。每册教材、每个单元中都安排了相关的教学内容。本课，我们将一一阐述这些板块内容，并提供相应的案例供大家研读，让职初教师能初步了解各年段单元复习课，期中、期末复习课和主题综合活动课的教学目标与内容。此外，我们还设计了技能演练实践活动，让大家进一步感知、体验，初步习得上复习课和主题综合活动课的方法与策略。

一、 单元复习教学课例研读与实践

语文单元复习课是在结束某一单元学习后，根据学生的认知规律，巩固、梳理已学知识、方法、技能，促进知识系统化，形成科学、优良的知识结构，完善自我学习能力的课型，它是语文教学中的一种重要课型。单元复习课可以结合教材中语文快乐宫（一、二年级）及语文综合练习（三至五年级）的教学展开，因为"语文快乐宫"和"语文综合练习"这两个学习内容均安排在每一个单元课文学习结束后,从字、词、句、段、篇等领域,抓住重难点对本单元的内容进行梳理、归纳。

案例示范1

☞**教学内容:**

沪教版小学语文二年级(第二册)第三单元综合复习。

☞**教学目标:**

1. 用喜欢的方法学习5个生字:驻、蛀、拄、注、住;知道带有"主"的字读翘舌音;能区分本单元形近字并组词;加部首成新字、组词;积累表示"笑"的词语;练习在田字格中写好上小下大的字。

2. 结合短文理解词语的意思,能用自己的话说出文中诗的意思,并能背诵。

3. 复习本单元课文中人物的主要特点,用几句话说说喜欢的理由,并写下来。

☞**教学过程:**

一、激趣导入。

1. 谈话导入:小朋友们,今天我们又要去语文快乐宫了,那里有新的挑战正等着我们呢! 我们来比一比,谁的本领大,谁就是今天的大赢家。

2. 多媒体显示课题:语文快乐宫3。

3. 学生齐读课题。

二、畅游汉字园。

1. 辨析形近字并组词。

(1)(多媒体显示图画:花猫兄妹和天上的星星打招呼)谈话激趣:瞧,花猫兄妹俩正专心致志地与星星打招呼呢! 可是,有的星星长得实在太像啦! 花猫兄妹分不清了,我们一起帮助它们,让这些星星都找到自己的好朋友吧。

(2)仔细观察,交流:你有什么好方法辨析本单元的这几组形近字?

捡( )	级( )	载( )	编( )
检( )	圾( )	栽( )	遍( )

（3）教师小结：我们可以从"区分字音"、"分析字形"（区分形旁）和"理解含义"这几个方面入手，对形近字加以辨析。

（4）完成练习，比一比谁辨得清，做得快。

（5）学生交流。

（6）做游戏：我是火眼金睛孙悟空。

在本单元中找找其他形近字，组词。

期（　　）　　霜（　　）　　故（　　）　　缓（　　）　　拉（　　）

欺（　　）　　箱（　　）　　敌（　　）　　暖（　　）　　垃（　　）

2. 加部首组成新字，组词：

（1）汉字真奇妙，加加减减就能变成另一个字。你们瞧！这里就有一个小挑战，你能帮"主"加部首组成另一个字，并为它找到词语朋友吗？

（2）学生交流：驻、挂、蛀。

（3）这些字都带有"主"，在读音上有什么相同之处？ 它们都是什么类型的字？

（4）学生齐读。

（5）这些字的意思你们懂吗？ 做游戏：把迷路的字宝宝送回家。

主、驻、挂、住、蛀、注

① 爷爷（　　）着拐杖上楼梯。

② 我家（　　）在四平路，我是家中的小（　　）人。

③ 上课（　　）意力要集中。

④ 这支部队长期（　　）军在上海。

⑤ 一大片竹林被（　　）虫破坏了。

（6）教师小结：通过给一个字加部首组成新字，便于我们认识、记忆更多的汉字，这是学习汉字的好方法。

三、词语擂台赛。

1. 生活中有各种各样的笑，（多媒体显示词语：微笑、笑眯眯、眉开眼笑、苦笑、喜笑颜开）如："微笑"，这个词由两个字组成；"笑眯眯"由三个字组词；还有由四个字组成的，像"眉开眼笑"。大家一定还知道其他表示"笑"的词语，我们以小组为单位举行词语擂台赛,计时 3 分钟,比一比哪组写得多,写得对。

2. 学生小组竞赛。

3. 学生集体交流。

嬉笑、傻笑、狂笑、苦笑、奸笑、笑哈哈、笑嘻嘻、笑呵呵、笑容可掬、仰天大笑、捧腹大笑、笑逐颜开……

4. 教师小结:这些词同样带“笑”字,但有些在意思上却有差别,或者完全不同,我们从一个字出发,通过词语构成的不同形式、字数的不同、词的不同意思等角度,可以积累不少词语,丰富我们的词语宝库。

5. 这一单元中有类似的例子吗? 找找看。

6. 学生交流:

第 14 课:怎么、什么。

第 16 课:沉醉、沉思、沉睡。

多媒体显示相关句子,学生边读边感受。

四、阅读芳草地。

1. 复习阅读方法:这一单元,我们通过学习 5 篇课文,学会了一项阅读本领,是什么呀? (学生:读课文,理解词句)什么意思呀,谁能说说你的理解? 我们用这样的方法理解了不少词语和句子的意思,例如:我们学会理解了“地覆天翻”的意思;明白了“我的好宝宝,不要担心,阳光都跑到你心里去了”这句话的含义。同学们学得很棒,现在让我们走进阅读芳草地,再来用这样的方法读一篇很有意思的短文,好吗?

2. 学生自由读短文《咏华山》,读准字音,读通句子。

3. 教师指名学生分节读课文,反馈朗读情况。

4. “咏”是什么意思? 小作者看到了什么景色才吟诗?

5. 读诗歌,用自己的话说说这首诗的意思。

6. 在文中找到与诗歌意思相应的句子。读读句子,联系上下文说说“远远近近、连连”的意思。

7. 学生齐读古诗和意思。

8. 学生分角色演一演。

9. 学生背诵古诗。

10. 教师小结："读课文，理解词句"是十分有用的阅读方法，我们要把课文读懂、读好，就是要做到边读边理解关键词语和句子的意思，做到词词懂、句句清。

五、快乐表达园。

1. 同学们，这一单元的5篇课文都是写什么的？（学生：写人）我们认识了哪些人物呀？（学生：鹿儿、三个儿子、高尔基、爷爷、奥莉娅、莉达）你喜欢谁？

2. 怎样把喜欢的原因表达清楚呢？我们可以用上"因为……所以……"的句式，表达时想想这个人物有什么好品质或特点，注意语句通顺、完整。

3. 学生分小组合作，互相表达。

4. 学生集体交流，教师即时反馈。

5. 学生写一写。

六、我是写字王。

1. （多媒体显示四个字：芬、置、箱、宫）观察：它们都是什么结构的字？这个单元中，出现了不少上下结构的字，那么我们在田字格中书写时要注意什么呢？（多媒体显示"芬"在田字格中的不同写法）观察后说说你认为哪种写法最漂亮？要写得好有什么小窍门？

2. 教师小结：上下结构的字在书写时要注意上窄（小）下宽（大），也就是要头小身大，这样才能写得漂亮。

3. 教师在田字格中范写。

4. 学生按要求在田字格中书写。教师巡视，即时指导。

5. 展示学生的书写，教师点评。

七、总结。

1. 今天，我们在快乐宫里玩得很开心，你们除了收获快乐外，还学到了什么本领呀？

2. 评选学习大赢家。

（**点赞**：教师把快乐宫教学与单元复习紧密结合，根据二年级学生的身心特点，创设轻松、活泼的学习情境，学新知，复旧知，提能力，深受学生喜爱。教学中，教师归类组织学生学习，体现了系统性、整体性的特点。学习形式多样，有自读自悟，有小组互动，有集体交流,为学生的自主学习、积极参与创造了有利条件。教师对学习方法的总结十分重视,真正体现了"授之以鱼不如授之以渔"的教学理念,对提高学生的学习能力大有裨益。)

(案例提供者：上海市第二师范学校附属小学　王珏梅)

【挑战一】

　　请设计一、二年级任意一个单元的复习教学并实践。

_____

_____

_____

案例示范 2

☞ **教学内容**：沪教版小学语文五年级(第一册)第六单元复习

☞ **教学目标**：

　　1. 找出句子中的错别字并改正,提高正确运用汉字的能力;积累与"书"有关的词语。

　　2. 学习修改病句;理解并熟记 3 句名言。

　　3. 在阅读中提出问题,解决问题,理解短文内容。

　　4. 查资料,为喜欢的作家写小传。

　　5. 能用钢笔在横线上抄写邀请信,注意书信的格式。

☞ **教学过程**：

　　一、导入新课。

　　1. 谈话引入：通过本单元的学习,我们走进了一个浓浓的书香世界,领略了书架上性格迥异的书,观察了生活中千姿百态的读书人,知道了读书的秘诀,更感受到读书带给我们的快乐。今天我们不仅要回顾本单元的知识,还要借助"综合练习"进行阅读、语言训练,看看谁是"学习小能手",让我们乘上"挑战直通车"出发吧!

2. 揭示课题。

二、基础加油站。

1. 纠正错别字，辨析同音字。

(1) 有一位同学总写错别字，这是他写的几句话，我们来看一下，他写对字了吗？

(多媒体显示：我把一盆鲜花放在桌子上，小朋友们立既围拢来看。　（　　　　）

这可怜的小男孩，病得很历害吧！　（　　　　）

我们带着鲜艳的红领巾，像雨花台烈士陵园走去。　（　　　　）

国庆节已后，学校要举行一次朗颂比赛。　（　　　　））

教师指名读句子，学生思考。

(2) 交流：讲清哪些是错字，怎么改，并区别意思。

第1句中"立既"的"既"写错了，应为"即"。句中"立即"是"马上"的意思；而"既"是表示"已经、完了"的意思。

第2句中"历害"的"历"写错了，应为"厉"。"历"是"经历、经过"的意思；"厉"是"严肃、猛烈"的意思。

第3句中的"带"和"像"写错了，因为红领巾是佩戴的，而不是携带的，所以要用"戴"；向雨花台烈士陵园走去，表示方向，不表示"像不像"的意思，所以要用"向"。

第4句中"已后"的"已"应改为"以"；"朗颂"的"颂"应该为"诵"，因为"颂"是赞扬的意思，"诵"的意思是"用高低抑扬的腔调念"。

(3) 教师小结：同音字特别容易混淆，我们可以根据字、词在句中的意思来正确使用，提高理解、运用汉字的能力。

(4) 学生到本单元的课文中去找找易混淆的同音字。

(5) 学生集体交流。

第26课：捡(拣)得太少了；身临其境(镜)。

第27课：欣(心)慰；偶尔(而)；伏案疾(急)书。

第28课：书橱(厨)；焕(换)然一新；脱(拖)口而出；缘(原)故。

第29课：倚(椅)墙伫立；神情倨(居)傲；查询(寻)；不急不躁(燥)；大失所望(忘)；拒绝(决)。

2. 据意填词。

(1) 这一单元,我们学习了许多有关读书的课文,积累了不少与"书"有关的词语,一起读读。这些词语的意思你们理解吗?

(多媒体显示:学富五车　　书声琅琅　　书香门第　　书不尽言)

(2) 这些词语怎么用呢? 请同学们认真读读句子,根据词意,把词语填写在相应句子的括号里,填完后注意再读一读,体会体会。

(3) 学生集体交流。

(4) 学生分组朗读句子。

(5) 你们还知道哪些与"书"有关的词语? 课内的可以,还可以是课外看到过的。

(6) 教师小结:带有某一个字或者与某一个内容有关的词语有很多,我们不仅要在阅读中加以积累,而且要通过读句子、查词典等方法理解词意,这样学习,你就能积累许多好词并能正确使用了。

3. 修改病句。

(1) (多媒体显示:斯塔迪并不丰富,买不起多少书,可他用心积攒的每一个铜子儿,都花在书店里)(教师指名朗读)找找这句话里的语病并修改。

(2) 学生集体交流:用词不当,"丰富"改为"富有"。

(3) 讨论:修改病句时要注意什么?

(4) 教师小结:修改病句时要做到:一"读",读句子;二"找",找表达错误之处;三"想",判断错误类型;四"改",针对错误正确修改。

(5) 复习修改符号。

(6) 学生用上述方法修改病句,在小组中交流。

(7) 学生集体交流。

① 一群小蚂蚁立刻马上围拢来,将蜗牛的软肉吃掉,空剩着两个硬硬的壳。

(重复用词,"立刻"、"马上"意思重复,应去掉"立刻"或"马上"。)

② 有的躺在沙滩上睡觉,有的在聊天,有的在玩耍。

(缺少主语,应加上"人们"或"游客们"等表示人称的内容。)

③ 我的书架上多年不读的有一本书。

（语序排列不对，应调整语序。我的书架上有一本多年不读的书。）

（8）学生分组读句。

三、阅读欣赏站。

1. 本单元，我们学习了"边读边思"以及"在阅读中提出问题、解决问题"的阅读方法。回忆一下，我们可以怎样提问，又如何解决问题呢？

2. 学生集体交流。

3. 教师小结：在阅读的过程中，我们可以从课题、关键词语或句子、语意矛盾处、留白处等方面入手提出问题，并且采用反复、深入地朗读、联系上下文思考、提取有效信息、发挥合理想象等方法解决问题。掌握了这样的阅读方法，我们就能更好地读懂课文，成为阅读的小主人。

4. 教师交代学习任务：今天，让我们再用这样的方法阅读一篇短文——《表姐》。

5. 教师轻声读短文，读准字音，读通句子；圈出不理解的词语，查词典理解；说说表姐是个怎样的人。

6. 学生集体交流。

7. 学生读句子，照样子提问题。

（1）学习例句：例句中针对超乎常理的搭配，即"打开心灵"和"喂哺精神的饥肠"提出问题。回答问题时，要联系上下文，抓住关键内容，用简要、通顺的语言回答。

（2）再读短文，思考：哪些地方难以理解？模仿例句提问并解决问题。

预设：什么叫启蒙者？

为什么说大表姐是"我"人生的道路上、革命的道路上、文学活动的道路上的启蒙者与引路人？

……

（3）联系上下文，理解："美好的曲调"是指古今中外的音乐家的名作；"美好的词句"是指古今中外的诗人写的诗、作家写的散文和童话；而"美好的思想"是指这些作品所反映的思想感情；"美好的憧憬"是指这些作品所描绘的美好世界给作者的憧憬。

通过阅读，联系上下文，理解这句话在文中起总结上文的作用。

8. 给作品归类。

（1）在这篇短文中提到了不少作品，我们用圈圈出。

（2）你们能给这些作品分分类吗？有什么好方法与大家分享？

（3）将作品按"古今中外"的不同分类。

古：《长恨歌》、《琵琶行》、《赤壁赋》。

今（中）：《繁星》、《梨花》、《荷塘月色》、《光明行》、《渔舟唱晚》。

　（外）《白雪公主和七个小矮人》、《快乐王子》、《卖火柴的小女孩》、《蓝色多瑙河》。

（4）说说你所了解的作品（作者、作品的主人公、主要内容等）。

四、语言实践站。

1. 写人物小传。

（1）本单元的学习中，我们接触了一些喜欢读书的人，通过课文的介绍对这些人物有了一些了解，你们想不想把这些人物介绍给别人？怎么介绍呢？我们可以通过写简短的人物小传来介绍，这是对人物最为简单的一种介绍。

（2）学习范文。

安徒生：丹麦19世纪著名的童话作家，也是世界文学童话的代表人物之一，被誉为"世界儿童文学的太阳"。他出生于欧登塞城一个贫穷的鞋匠家庭，童年生活贫苦。早年在慈善学校读过书，当过学徒工。受父亲和民间口头文学影响，他从小爱文学。安徒生文学生涯始于1822年的编写剧本。他最著名的童话故事有《小锡兵》、《海的女儿》、《拇指姑娘》、《卖火柴的小女孩》、《丑小鸭》、《皇帝的新装》等。安徒生生前曾得到皇家的致敬，并被高度赞扬：给全欧洲的一代孩子带来了欢乐。他的作品《安徒生童话》已经被译为150多种语言，成千上万册童话书在全球被陆续发行和出版。

① 读读范文，思考。

在写人物小传时，我们可以从哪几个方面来介绍？

② 交流并小结。

写人物小传一般包括人物的姓名、年龄、称谓、主要的性格特征，也可以对人物的生平和主要作品作一些简要介绍。

③ 学生交流课前收集的名人资料。

④ 学生书面练习。

⑤ 学生交流反馈,师生即时点评。

2. 熟记名言。

(1)（多媒体显示3句名言）学生自由读,要求读准字音,读通句子。

(2) 指名朗读,结合本单元学过的课文内容、知晓的道理,用自己的话说说每句名言的主要意思。

第一句强调人要读书,不然就没有教养和鉴别力;

第二句告诉我们孙中山先生好读书,不然就无法生活;

第三句则把做学问比作吃饭,要细嚼慢咽才会对身体有益。

(3) 教师小结:名言是指为人类发展做出贡献的、富有知识的名人所说的,能够让人懂得道理的一句较为出名的话。也就是有意义的、向人们揭示一定道理的话。我们学的很多课文都含有深刻的道理,有许多名言都能言简意赅地表达这个道理,同学们可以在学习了一篇课文,明白了道理后,通过读书、上网查找、请教他人等途径积累和课文有关的名言,熟读成诵,进一步明理,学习表达,这样你会变得更棒!

(4) 学生选择喜欢的名言朗读或背诵。

(5) 你还知道哪些关于读书的名言?

3. 学写邀请信。

(1) 学校即将举办第三届"才艺展示会",届时将邀请家长共同参加。你能否写一封邀请信?

(2) 学习范文。

教师指名读范文,思考:邀请信的格式与一般书信有何异同?

(3) 教师小结:写邀请信时要注意开头写清被邀请人;正文部分写清时间、地点、活动内容,注意使用礼貌用语;其余内容与一般书信格式基本相同。

(4) 用钢笔抄写,注意字的间架结构、字距以及离开双线的距离。

(5) 教师小结评优。

(6) 同桌合作,共同写一封邀请信。

(7) 集体交流、讲评。

五、总结。

（略）

（**点赞**：案例中，教师借助综合练习中的题目，引导学生对这一阶段所学的知识、方法进行回顾和梳理。教学中，注重针对不同的练习内容组织个性化的学习形式，例如：改错字、写字以学生自练为主；写邀请信则组织同桌合作练习；阅读欣赏主要是在教师的指导下学习、交流……多样化的学习方法、轻松的学习情境引导学生有效地学习新知，复习旧知，有助于学生构建合理、系统、全面的知识结构，提高学习能力。）

（案例提供者：上海市第二师范学校附属小学　蔡慧丽）

【挑战二】

请设计沪教版小学语文三到五年级任意一个单元的复习教学并实践。

_____

_____

_____

二、 期中（期末）复习课教学课例研读与实践

复习是一个阶段性的巩固验收和进一步系统提高的过程。期中（期末）复习课主要是对已学过知识的温习、巩固，将平时分散学习的知识分门别类地进行分析综合、系统归类和拓展延伸的过程。

案例示范 3

☞**教学内容：** 沪教版小学语文三年级第二学期期中复习教学案例

☞**教学目标：**

1. 继续巩固汉语拼音，能正确识记 16 个整体认读音节；正确拼读音节，能根据拼音正确写出书后词语表中（1—20 课）要求会写的词语。

2. 复习一些常用的识字方法，有独立识字的能力；辨析 1—20 课，要求掌握生字中的形近字、同音字、多音字，能用部分生字组词；复习 1—20 课书后要求积累的词语，能分辨近义词。

3. 复习连词成句的方法；按要求把句子写完整或写具体；复习对话的几种形式及标点的正确运用方法；复习造句的方法。

4. 复习并积累 4 首古诗和名言。

☞**教学过程：**

一、谈话引入。

同学们，学期已经过半，我们学习了 4 个单元的内容，这节课我们采用通关的形式复习，好吗？

二、第一关——拼音关。

1. （多媒体显示 16 个整体认读音节）交流：你发现这些音节有什么特点？教师指名读，学生齐读。

2. 学生背诵 16 个整体认读音节。

3. 通关游戏——找找我在哪里？（学生圈出整体认读音节）

què yuè　　　yǔn xǔ　　　yí huò　　　cuò wù　　　yuán liàng　　　bái xuě

4. 小结：在预习、复习时，同学们可以有意识地读读生字词语，圈出整体认读音节的字，加强练习、巩固。

三、第二关——生字关。

1. 抽读生字卡片。

2. 交流：在学习生字的过程中，你用了哪些识字好方法。（猜字谜，加减法，变换部件，对比记忆法……）

3. 教师小结：识字的方法有很多。其中，变换部首法和对比记忆法是很常用的，这四个单元中有不少生字可以用这样的方法来学习，下面我们就来个通关大挑战。

4. 通关游戏——"变变变"。(学生加部首变新字)

成( )( )( ) 莫( )( )( )

干( )( )( ) 争( )( )( )

5. 通关游戏——"辨辨辨"。

(1) 辨字组词。

慎( ) 园( ) 班( ) 板( )

嗔( ) 圆( ) 斑( ) 版( )

(2) 多音字组词。

兴xìng( ) 禁jīn( ) 纤xiān( )

xīng( ) jìn( ) qiàn( )

四、第三关——词语关。

1. 识记、积累词语。

(1) 交流:这四个单元中,出现了很多新词和好词,这些词语怎么能更好地记住它们呢?

(2) 小结:我们可以分类来记,比如,描写颜色的词语可以一起记;含有数字的词语放在一块记。也可以按照 ABB、AABB、ABAB 等词语构成的形式来记。

(3) 通关游戏——走进词语家族。(学生按要求积累词语)

ABB 形式的词语:_____ _____ _____。

带有数字的成语:_____ _____ _____。

表示人物神态的词语:_____ _____ _____。

描写注意力集中的词语:_____ _____ _____。

描写风的四字词语:_____ _____ _____。

2. 找近义词。

(1) 交流:词语中,有很多词的意思相同或相近,我们把它们称为近义词。确定近义词有什么好方法吗?

(2) 教师小结:确定近义词的方法主要有两种:一是从有共同词素的词语中去找。许多近义词都有一个共同的特点,就是它们往往有一个相同的词素;二是根据词的意义去找。即先理解这个词的意思,然后想一想和它意思相同或相近的词。

(3) 通关游戏——找朋友。

① 写出近义词。

吩咐——(　　　)　　　纳闷——(　　　)

② 选词填空。

安静　　　寂静

夜幕降临了,古老的山林一片(　　　)。

会议室里,参加会议的人很多,但大家都十分(　　　)。

欣赏　　　观赏

同学们正在(　　　)一首外国名曲。

游客们正在池边(　　　)那群美丽的金鱼。

五、第四关——句子关。

1. 连词成句。

(1) 交流:同学们,连词成句的方法有很多,你们知道吗?

(2) 教师小结:我们学过的主要句式有"谁(什么)是什么"、"什么像什么"、"谁(什么)怎么样"等,连词成句时,脑海中要出现这些句式,它们能帮助你轻松、正确地完成练习;看到"多么"、"真"这样的词语,要引起注意,标点符号用感叹号;"谁干什么"这句句子可以引申出多种句子:谁在哪里干什么;在哪里,谁干什么;什么时候,谁在哪里干什么;什么时候,怎么样的谁在哪里干什么……万变不离其宗,关键是要注意时间、地点放在句首,要在后面加逗号;"的"的后面跟名词,"地"的后面跟动词;句末的标点符号不要忘记,尤其是问句和感叹句;字、词不要遗漏,写完后读一读。

(3) 通关游戏——连词成句。

① 公园里　② 春天　③ 桃花　④ 开满了　⑤ 迎春花　⑥ 和

_____

① 有十来枝　② 真美　③ 湖里　④ 荷花　⑤ 亭亭玉立的　⑥ 啊

_____

① 可爱的　② 天空中　③ 小鸟　④ 飞来飞去　⑤ 快活地

---

2. 把句子补充完整。

（1）交流：把句子补充完整这一练习，要做得有质量，需注意什么？

（2）教师小结：一个完整的句子，要符合两个要求：一是表达的意思要完整；二是结构要完整。结构完整的句子一般有两个部分。前一部分主要讲"谁"或"什么"，后一部分主要讲"干什么"、"是什么"或"怎么样"。要告诉别人一件事或表达一个完整的意思，一定要把句子的两个部分都写出来。另外，如果有例句，同学们要认真读例句，读清句子中讲了什么，怎么讲的，独立写时要模仿例句来完成。

（3）通关游戏——让句子娃娃更可爱。（学生把句子补充完整）

例：滂沱的大雨冲掉了两片蔷薇花瓣，花儿低着头，因为它娇嫩纤弱，毫无自卫能力。

① 大家都很喜欢张老师，因为＿＿＿＿＿＿＿＿＿＿＿＿＿＿＿＿＿＿＿＿。

② ＿＿＿＿＿＿＿＿＿，因为＿＿＿＿＿＿＿＿＿＿＿＿＿＿＿＿＿＿＿＿。

例：画家惊讶地看着小姑娘，他的眼圈红了……

画家惊讶地看着小姑娘，＿＿＿＿＿＿＿＿＿＿＿＿＿＿＿＿＿＿＿＿＿＿。

3. 造句。

（1）交流：句子是语言运用的基本单位，它由词或词组构成，能表达一个完整的意思，如告诉别人一件事，提出一个问题，表示要求或者制止，表示某种感慨。它的句尾可以用上句号、问号或感叹号等标点符号。平时，老师教给大家不少造句的好方法，你能说出哪些？

（2）教师小结：造句的方法一般有以下几种：一是在理解词义的基础上加以说明；二是用形容词造句时，可以对人物的动作、神态或事物的形状进行具体的描写；三是有的形容词在造句时，可以用一对反义词或用褒义词、贬义词的组合来进行，强烈的对比能起到较好的表达作用，如用"光荣"造句："讲卫生是光荣的，不讲卫生是可耻的。"四是用比拟词造句，可以借助联想、想象使句子生动；五是用关联词造句，必须注意词语的合理搭配，这就需要在平时学习中，把关联词的几种类型分清并记住；六是先把要造句的词扩展成词组,然后再把句子补充完整。如用"增添"造句,可以先把"增添"组成"增添设备"、"增添信心"或"增添力量",然后再造句就方便多了。

（3）通关游戏——词语宝宝变戏法。

不仅……而且……——_____

不知所措——_____

六、第五关——背诵、积累关。

1. 通关游戏——我会记,我能行。

采用小组合作、好朋友齐亮相等多样化的形式背诵古诗和名言。

2. 交流：你们用什么方法把这些内容记得这么快,这么牢的?

3. 教师小结：背诵时可以根据老师的板书,可以抓住关键词语和句子,这样记忆又快又好。

七、总结。

恭喜大家不仅把五关全通过了,而且掌握了学习的好方法,真了不起! 只要我们加强阶段复习,学会用一定的方法学习,你们的本领会越来越大。

（**点赞**：该案例以沪教版小学语文三年级(第二册)一至四单元的知识为复习内容,用学生喜爱的通关游戏的形式对学过的内容进行归类、再现、强化和拓展。每一关中,教师都关注引导学生自主总结、交流学习方法,并在此基础上进行科学、系统的归纳,使学生进一步明确方法,加强认识,提高能力。）

（案例提供者：上海市第二师范学校附属小学　张　韵）

【挑战一】

请设计你所教年级期中或期末复习教学并实践。

_____

_____

_____

三、 主题式综合活动课例研读与实践

语文综合性学习活动,是整个语文教学活动中一个重要组成部分,是培养学生主动探究、团结合作、勇于创新精神,全面提高语文素养的重要途径。综合活动围绕某一个主题展开设计时要制定明确的活动目标,做好周全的活动准备,确定合理的活动时间,选择恰当的活动形式,设计详尽的活动过程。

案例示范4

☞**活动内容**：以下是教师设计的主题为"美好的春天"的沪教版小学语文三年级综合学习活动,请认真阅读,思考并回答：教师开展这一主题活动的目的是什么? 在活动形式上有什么特点?

☞**活动目标**：

1. 通过自主探究、小组合作、集体交流等途径,让学生经历对成语、词句、文章、诗词、音乐的欣赏和表达,到大自然中去绘画或摄影,展示作品,表演节目,进一步形成积极向上的审美观和热爱文学艺术的意识,广泛积累,锻炼语言表达、整合资源、逻辑思维、合作交往等方面的能力。

2. 让学生在主动参与活动中感知和体会人与自然、人与人之间的和谐关系。在活动中表现一定的独立性,形成主动、互助、合作的态度与行为。

☞**活动准备**：

1. 引导家长充分利用周边社区环境,开展丰富多彩的活动。

2. 提供网上资源,让学生阅读并积累有关春天的词语、句子、文章和诗歌等学习材料。

3. 提供网上资源,供学生下载有关春天的歌曲。

☞**活动时间**：共4课时。

☞**活动过程**：

活动(一)　小能人,记录春景

活动时间：2课时。

第一课时：

积累描写春天的词语、句子、文章和诗歌，完成主题为"美好的春天"的阅读摘记卡（如下）。

班级：＿＿＿＿＿＿＿　　　姓名：＿＿＿＿＿＿＿

我喜欢的词语

我喜欢的句子

我喜欢的文章和诗歌
题目＿＿＿＿＿＿　　　题目＿＿＿＿＿＿　　　题目＿＿＿＿＿＿
作者＿＿＿＿＿＿　　　作者＿＿＿＿＿＿　　　作者＿＿＿＿＿＿

第二课时：

一、导入新课，交流描写春天的词语或句子。

1. 谈话导入：轻轻地，轻轻地，春姑娘来到了我们的身边，让我们用美好的语言去迎接她、赞美她！

2. 学生交流有关描写春天的词语或句子。

3. 配乐朗读好词好句。

4. 小结并过渡：春天就像一个害羞的小姑娘，遮遮掩掩，躲躲藏藏，她藏在哪呢？让我们一起去找春天吧！（板书：找春天）

二、交流描写春天的文章、诗歌。

1. 播放歌曲《春天在哪里》，师生哼唱。

2. 春天在哪里呢？其实，春姑娘已经悄悄地来到我们身边，只有仔细观察的小朋友才能找到它。小朋友们，让我们一起回忆学习过的或者你阅读过的有关春天的文章、诗歌吧！

三、欣赏春景。

播放录像，欣赏美好春景，用一句话来赞美它。

四、阅读摘记卡展示，评选摘记小能人。

活动（二）　小达人，乐享春天

活动时间：2课时。

第一课时：

教师、家长提供网站、书籍、社会实践场地等资源，引导学生学唱一首描写春天的歌，编一首描写春天的小诗歌，拍一张春景照（自拟题），做一份赞美春天的电子的或手抄的小报。

第二课时：

邀请部分家长共同参与主题为"小达人，乐享春天"展示活动，学生或个人或小组合作参与交流。其中，展示春景照及小报的同学须做简要介绍。学生、家长、教师为节目点赞，统计点赞数，评选"爱春小达人"。

（点赞：在美好的春天来临时，教师抓住契机，设计了主题鲜明，以"自主、合作、探究"为基本学习形式的综合活动。活动目标明确，准备充分，时间安排合理，内容丰富，贴近学生需求和兴趣。本次活动具有鲜明的综合性的特点，既有引导学生回忆学过的好词佳句、好段佳文，重温经典、吐故纳新的活动，又打破学科框架，软化学科边缘，引领学生在学唱歌曲中感悟文字美、音乐美，从拍摄照片中观察自然美，用美好的语言赞叹美，在画画、写写中多角度地呈现美，真正让语文学习走进了生活，纯净了心灵，润物细无声地提高了学生的语言素养。）

（案例提供者：上海市第二师范学校附属小学　汤静怡）

【挑战二】

请设计一份主题式综合活动方案并实施，写写体会。

_____

_____

_____

案例示范5

☞ **活动内容**：以下是语文教研组设计的主题为"走近汉字文化，品读语言魅力"汉字听写活动，请认真阅读。

☞ **活动目标**：

1. 通过活动，进一步推进汉字规范化运用，关注学生对汉字知识与文化传统的认知，鼓励小学生热爱汉字，钟情传统文化的发展。

2. 引导学生正确识记汉字，掌握汉字的音形义，能规范地书写汉字。

3. 通过比赛活动，提高学生学习语文知识的积极性，体会学习带来的快乐。

☞ **活动准备**：

1. 幻灯片、音响等设备。

2. 号码牌。

3. 5台安装好汉字书写 APK 软件的 ipad。

4. 奖状。

☞ **活动时间**：1小时。

☞ **活动过程**：

一、开场。

主持人1：各位评委、同学：大家好！今天，我们将迎来一场热烈而精彩的比赛——汉字听写大赛。

主持人 2：汉字从甲骨文走来，历经金文、篆书、隶书、楷书，不仅是中国人语言交流的符号，更携带着中华文明的优秀基因，蕴藏着深厚丰富的文化意蕴，这是世界上其他任何文明体系都不曾具有的。

主持人 1：对于以汉语为母语的中国人来说，书写汉字是一件从小学开始就会做的事情，然而当一档《汉字听写》节目热播的时候，当我们以娱乐的心态边观看边拿着纸笔自检的时候，才蓦然发现：有那么多的汉字我们竟然不能正确书写。"键盘时代"，汉字俨然成了"熟悉的陌生人"。

主持人 2：作为一名新时代的小学生，我们应该知道：写好字不仅仅是我们个人的事，更关系到中华文化的传承。希望通过今天参赛选手的书写展示，能够唤醒我们日趋淡忘的汉字情结。

主持人 1：汉字情，中国梦。在这个"提笔忘字"的年代里，让我们重新审视方块汉字的独特魅力，让我们一同走进手书温暖的美好时光。现在，我宣布汉字听写比赛正式开始！

主持人 2：首先公布比赛规则：比赛分为三轮，第一轮和第二轮为听写淘汰制，第三轮为抢答。参加比赛的 30 名同学进入候赛区，听从工作人员安排就坐。第一轮和第二轮，评委随机抽取 5 名学生进入比赛区，学生在：ipad 上听写字，写对的同学留在候赛区，写错的同学回到观众区；30 名同学都比过一轮后，剩下的同学再按照序号大小进行第二轮比赛，依旧采取淘汰制。第二轮比赛结束，如果剩下的学生多于 1 名，则进行第三轮比赛，最后得分高者胜出。比赛结束后，当场颁奖。

主持人 2：现在，请评委抽取号码，抽出参加第一轮比赛的人选。

二、第一轮比赛。

比赛过程略。

主持人 1 现场采访 2 位同学。

三、第二轮比赛。

比赛过程略。

主持人 2 现场采访 2 位同学。

四、第三轮比赛。

比赛过程略。

主持人 1：××号同学获得了"汉字听写小能手"的称号。请××号同学来谈谈此时的感受。

五、颁奖典礼。

六、总结。

主持人1：汉字从仓颉造字的神话中一路蜿蜒走来，记录着中华文明的成长历程。正如余光中所说："只要仓颉的灵感不灭，美丽的中文不老，那形象、那磁石一般的向心力当然常在。"

主持人2：汉字以方块字的骨骼支撑了几千年的文明，不仅过去、现在，更有未来、永远。相信通过此次比赛，我们会更加热爱我们的汉字，我们的文明。

主持人1、2：我们一定会加倍努力，取得新的成绩和发展。

☞ **活动效果：**

本次汉字听写大赛借助 ipad，在信息化背景下展开，不仅吸引学生，而且整个比赛过程精简、高效，充满时代感。

由于比赛内容丰富，难度适切，因此，选手们参赛热情高，会场呈现出激烈、紧张、愉悦的良好气氛。

本次比赛掀起了学生认真学习、书写汉字的热潮，激发了孩子对汉字、书法等传统文化的兴趣，对提高汉字运用、书写能力以及传递国粹精髓具有一定的意义。

（**点赞**：为进一步加强中华优秀传统文化教育，教研组设计了主题为"走近汉字文化，品读语言魅力"汉字听写活动，活动目标明确，过程清晰，内容具体、丰富，并能巧借信息化设备、技术，使活动充满文化感、时代感。对于促进广大师生提高语言文字应用能力，引导学生正确识记汉字，掌握汉字的音形义，规范地书写汉字，弘扬优秀传统文化具有重要的意义。）

（案例提供者：上海市第二师范学校附属小学　钟　婕）

【挑战三】

请实施一个综合活动方案的全过程，并写一写活动效果和感受。

_____

_____

后　记

　　写稿的过程，是梳理、提炼、总结的过程：因写稿，我们系统地整理了多年的小学语文教学研究经验、感悟和体会，让多年来对语文教学研究探索的成果得到比较全面地展示。写稿亦是学习和分享的过程：因写稿，我们深入研究了老一辈小学语文教学专家以及当今小学语文教学的引领者李吉林、于永正、贾志敏、薛法根、窦桂梅、管建刚、周云燕、陈娟娟、宋运来等专家的书籍，研究了卢雷等优秀青年教师的案例。他们超前的理念和实践，值得我们学习和推广；因写稿，我更细致地研究了课程标准，让我站在更高的角度来理解语文教学；因写稿，我把我的理念、我的编写思路与编写本书的区学科带头人、骨干教师分享，我带领老师们顺着编写思路，从研读课标开始，经历了教学改革和实践的全过程……

　　一年光阴，本书终于著成。感谢区教师进修学院对于职初教师的厚爱，组织我们编写此书。感谢德高望重的于漪老师，对整个编写过程的悉心指导和宝贵建议；感谢参与本书编写的区学科带头人、区骨干教师及一线教师。书籍出版在即，心中颇有几分期许，愿本书能带领职初教师在小学语文教学的道路上顺利起步，能为新课标下的小学语文教学作出贡献，也恳请读者批评指正，以期在日后修订之时加以完善。

杨浦区教师进修学院　　储　竞

2016 年 5 月